華志文化

華志文化

人生必讀的財富法則

窮人與富人有多遠的距離

富蘭克林・霍布斯◎著
Frankli Hobbs
李津◎編譯

一本成就美國億萬富翁的奇書
改變了世界首富巴菲特的一生

致富之路和經商之道是一樣的。用兩個詞表示就是「勤奮加節儉」。
也就是說，不要浪費時間和金錢，要充分利用這兩者，
缺少兩者將讓你一無所有，兩者兼備則讓你無往不利。
一個人能否致富，是由個人的生活習慣決定的，
因此一個人只要走上了致富之路，別人就很難阻止他致富的步伐了。

本書共分出六十九課的條財富法則，以最精義的錢財思維教導我們如何運用此種思考，並來改變一生對財富的觀念，聰明的讀者在讀完本書後，將一輩子受益無窮，即使不能當個富人，也可以過得平安無缺。

《前言》人生必讀的財富法則

窮人與富人之間的差別在哪裡呢？
本書的六十九個法則讓你一生富有

致富之路和經商之道是一樣簡單的。用兩個詞表示就是「勤奮加節儉」。也就是說，不要浪費時間和金錢，要充分利用這兩者。缺少兩者將讓你一無所有，兩者兼備則讓你無往不利。

——富蘭克林．霍布斯（Frankli Hobbs）

當一個人為迎合自己的服裝品味，或者是為消磨時間而對衣服精挑細選的時候，他也就選擇了自己的生活品味。做選擇的人既要對自己的決定負責，也要承擔選擇所帶來的結果。每個人無時無刻都在做選擇，並且隨著這些選擇，他已和自己曾選定的人生道路漸行漸遠。

財富是個人意志力的表現。確切地說：財富是由個人意志創造出來的。

很少人能一夕致富；相反地，大多數富人都是逐漸累積財富而來的。而那些勤奮工作而致富的人卻很少注意到自己個人財富的累積和增加。

錢財累積的過程一旦開始，接下來的路就好走多了。一個人能否致富，是由個人的生活習慣決定的。因此一個人只要走上了致富之路，別人就很難阻止他致富的步伐了。

「如果你按照自然的本性生活，你永遠不會貧窮；如果你依從他人的主張生活，你永遠不會富有。對我們來說，不靠自己的理智去判斷如何生活，而是緊隨他人的步伐前進是十分危險的。」

這是出生於西元前的古羅馬哲學家塞內卡(Lucius Annaeus Seneca)所說的一段名言。經由他的話，可以看出，無論是他生活的年代，還是我們現在這個時代，阻礙我們致富的原因都是一樣的，同樣地，想要生活得更好、更幸福，並逐漸累積財富的美好願望也是古今一致的。

對於一個人來說，沒有比陷於貧窮更能讓他人或者社會忌憚的事情了。貧窮可以迫使一個善良的人犯罪，更可以把犯罪的人推入絕境。

但是，對於一個健康並且有上進心的人來說，貧窮卻又不算什麼了。經由努力，他們可以很容易地擺脫貧窮。正如修昔底德（Thucydides）在西元前四百二十五年就說道：

「人不會因為貧窮而顯得卑微。相反地，依靠努力擺脫貧窮會使人變得高尚。」

在近二千二百年後，英國作家哥爾·史密斯（Oliver Gold smith）也說道：「貧窮，一旦時間久了，就會習慣貧窮，從此將永無抬頭之日。」可見，在兩千多年的時間長流中，人們都認為一個貧窮的人如果毫不在意別人知道他的困境，並且不為改善自己的境地做任何的努力，那麼這個人應該為他的不幸負全部的責任。

我們不能混淆貧窮和乞討這兩個概念。後者指的是一個人因為災難或病痛或生存環境的因素而淪為乞丐，並且陷入毫無退路的境地。我們應該同情並幫助這些人。

貧窮的人是因為他們花的錢比他們賺的還多，或者至少是賺多少就花多少所造成的。拉·布呂耶爾（La Bruyere）說過：「窮人就是指花的比賺的還要多的人。」如果陷入貧窮的時間很長，那麼他就可能會淪為乞丐。從貧窮到乞討之間只有一步之遙。

雖然我們都沿著不同的道路走向我們的人生目標，但是我們每個人都有能力獲得財富、安逸、舒適甚至是滿足。有些人的路是在山頂盤旋，只要我們有能力，就可以從這個山頂躍到另一個成功的山頂。但是絕大多數的平民百姓都是在平地上前行，要邁向成功，就必須一步步、一里里、一天天、一年年地逐漸前行。

每個人的生命中都會有深谷、有激流。魯莽的人不經思慮，在遇到深壑就容易摔落。而深思熟慮的人則對困難都做了充分的估算，他會在深壑上架一座小橋，然後輕鬆安全地越過。

首先，我們是為生活而生活。

我們中的每一個人都渴望有朝一日能實現自己心中的夢想。但是除非我們現在就動手準備、努力並為之付出，否則夢想終歸還是夢想，不會轉為現實。

如果你很富有，你可能會從上文的這些話中學到如何去更好地利用自己的財富，並且更好地享受上天賦予你的財富。

廣泛閱讀——深思熟慮——精心計畫——成功致富。不是每個人都能夠致富，但是相信你我都有這個能力。貧窮大多來自「懶散、放縱、浪費、愚蠢」這四者。

「財富是再好不過的事物了，因為它意味著權力、享樂和自由。」詹姆斯・羅塞爾・勞威爾（James Russell Lowell）如是說。

——富蘭克林·霍布斯（Frankli Hobbs）

《代序》

★受益一生的財富思考書

莎士比亞(Shakespeare)生活的年代還沒有銀行，但是那時候向朋友借錢的行為也非常普遍。他曾經這樣說過：「不要向人借錢，也不要把錢借給人家。因為借錢不僅會讓人損失錢財，也會破壞友情，同時還讓你無法管理好自己的錢。」我們應該謹記這句話。

「賺錢是工作，花錢卻是藝術。」要是能學會好好地花錢，每個人都有辦法讓自己的收入增加一半以上。

財富就像海水，你喝得越多，就越感到渴，財富管理是一個人智慧的結晶。一個人想要獲得財富，就必須冷靜、理智、機敏和有耐心。一個有雅量的人靠省錢致富，一個心胸狹隘的人因揮霍而變貧。

本書並不是要告訴你具體的投資方向，但是，把閒錢用於投資的時候，如果能稍微諮詢那些信譽良好的銀行專家或經紀人，並遵從他們的建議，一般來說都不會出問題。

好多重要的雜誌、期刊和報紙也都有投資專欄，你可以從中找到一些比較穩定的投資途徑。而且，對初涉投資的人來說，出版物上得來的建議都是中肯實用，而且是比較客觀的。

如果你參考了信譽良好的銀行專家、經紀人和出版物的意見，作為謹慎保守，一般來說都不會有什麼太大風險。如果大家都能這樣做的話，那麼騙子揹客們就不會有市場了。

如果你正在致富之路上前行，你可能會從中學到如何讓道路縮短或變得更加平坦。如果你還很貧窮，致富之路的思考就在你眼前，平坦如通往巴黎的康莊大道。

作者以當年經濟情況提示我們現代人，對財富恆久不變的定律，本書共分出第一～六十九課的條財富法則，以最精義的錢財思維教導我們如何運用此種思考，並來改變一生對財富的觀念，聰明的讀者在讀完本書後，將一輩子受益無窮，即使不能當個富人，也可以過得平安無缺。

總編輯／吳志文

◆閱讀本書的受益有哪些？

■富人與窮人之間的主要區別——以及你能做什麼來確保你成為富人！

■確保你獲得財富獨立的祕密財務戰略——僅僅這個忠告就值得這本書的價值！

■建立財富的最好方法——你在這裡所閱讀的將極大地讓你震驚！

■怎樣從一種生活的樂趣中賺錢——遵從這個忠告，你會順利地走在財富獨立生活的路上。

■怎樣避免在怪異的念頭、荒謬的喜好和滑稽的狂熱上浪費金錢——在你的整個人生中，學會簡潔優雅地生活可以節省大量的金錢。

■明智花錢的良好藝術——很少有人真正理解這個概念，現在你能夠成為這些少數有效從中受益的人之一！

■透過自由和獨立的生活的關鍵——這個忠告將使你夢想的生活輕鬆實現！

■怎樣停止成為你的習慣的奴隸——你將學會怎樣使自己從我們陷入奢侈的習慣中解脫！

■怎樣削減10％或20％甚至30％的生活成本——而仍然有我們所需要的

每一樣事物，來使你的生活快樂完整！

■怎樣樹立目標來確保你獲得夢想的生活——遵從這些忠告，你會立即過著獨立的生活！

■怎樣確保你的判斷不受到繁榮時期的歪曲——這個資訊會保證你待在獲得真正財富的道路上！

■怎樣停止成為一名『價格崇拜者』——當你做購買決策時，你將學會怎樣停止關注在價格上，與之相反，你考慮品質！

■怎樣成為一名很好的節省者——然而依然生活得〝富足〞！

■在普通人的錢包中，一個最常見和最嚴重的漏洞——以及你怎樣能夠安全地避免它，確保不會損失你苦苦賺來的錢！

■保持和節省你的金錢之間的區別——以及你為什麼應該總是爭取成為一名節省者而非保持者。

■什麼是富人知道而窮人不知道的——懂得這個重要的概念，你會立即從根本上加入富人的行列！

■在正常流通中四種不同類型的金錢——哪一種你最狂熱地追求！

■獲得財務成功的最重要的因素——學會這個真理，然後坐回去，看著金錢滾滾流進！

■真正經濟的重要性——要獲得真正的財富，你必須學會怎樣和何時花錢！

■怎樣確保機會不從你身邊流逝而去——學會怎樣認識機會，以及當它出現時，怎樣做好準備利用它！

■三個穩固的、安全投資你的金錢並實現巨大收穫的地方——比其他任何事物都多，這個資訊將使你踏上過著財富獨立的生活的快速軌道。

第1課 富人與窮人之間的差別

☆金錢絕對不等同於財富

「金錢可以讓你擁有一切，也讓你一無所有，它造就誠實的人、博學的人，也產生無恥的人、愚蠢的人，諸如此類，不可勝數。」

金錢等同於財富嗎？真難以想像有那麼多的人可以積存起一小筆家產。這些人在存錢的同時，居然還可以吃飽穿暖、充分享受，甚至接受高等的教育。但是金錢並不等於財富。

收入成千上萬的金錢沒有任何意義，除非你把它花在「盡量享受生活中的美好事物」方面。生活中最美好的事物無非是在活著的時候讓自己感覺舒適、自由，但是這也就意味著要擺脫金錢的桎梏。

「創業維艱，守成不易。」如今的社會，賺錢不是件難事。唯有在決定如何花錢的時候，最能發揮一個人的支配和經商才能。究竟是要把錢花在虛無縹緲的事物上？還是購買生活必需品？抑或是做投資？

「一個人擁有的資本就是他的工作所得除去他的一切開銷，包括吃飯、穿衣，以及所有支付從火車票到牙刷等生活必需品在內的一切費用。」

每天每個人都在面對種種的選擇。面對金錢我們也要做出自己的選擇。是要買自己喜歡的奢侈品，還是做更多的投資？我們不可能兩者兼得。

窮人和富人的唯一差別，就在於他們花錢的方式不同。富人花錢買來健康和社會地位。窮人則把錢花在沒有價值的東西上。

一個想發財卻沒有雄心的人可能會說：「要想成為百萬富翁就得耍手段。」但是一位著名的金融學家批駁了這種錯誤的觀點。他說：「只有那些懶散、怯懦，虛偽、愚蠢的人才會說這樣的話。」

偉大的哲學家蘇格拉底（Socrate）提出這樣的質疑：「為什麼有些人生活充裕有存款，而另外一些人卻連生活必需品都買不起，甚至還負債累累呢？」而伊索瑪鳩斯（Isomachus）回答道：「因為前者致力於自己的事業，而後者則不關心事業。」

對年輕人來說，下面這句話是很有激勵作用的：「把握自己的人生道路，你的成功與否取決於你是否真心去努力。」

簡言之，可以用下面的警句來總結全文：「那些會陷入貧窮的人，把人生看作是越喝越見底的酒杯，而不是把它看作越填越滿的容器」。

第2課 勤儉決定一個人的貧富

☆勤儉造就文明，文明誕生勤儉。

人類的歷史有多長呢？科學家告訴我們，早在五百萬年前地球上就有人類的足跡了。地球上最古老的建築就是位於撒哈拉沙漠中的埃及金字塔，建於六八〇〇年以前。想想看，在蘇格拉底出生前二千年就已經存在的建築！在最近幾年剛剛挖掘的一個古代墳墓中居然找到三千八百年前的人類足跡。

當住在山洞裡的原始人開始儲存物品，如糧食、燃料、製作衣服的皮革，以及使用貝類當作貨幣的時候，他們就開始走上建造房屋的文明之路了。在人類開始有這種意識之前，人類也不過是一般的動物。甚至還比不上蜜蜂或者松鼠，因為牠們還會稍微為將來做打算。

對原始人來說，明天並不存在。他們吃掉從沙灘上撿來的貝殼。他們用石頭攻擊捕殺獵物。他們在每次吃飽後就丟棄剩下的食物。但是，當原始人開始製作石頭箭頭的弓箭時，就開始儲存食物了，並在死後把這些東西留給他們的子孫。這時候原始人的祖先就開始積存動物皮毛和武器，並把這些財產遺留給他們的後代。

每一代的人都經由藝術、耕種、造船、織布把自己的所獲所得傳給自己的子孫後代。先輩們累積起來的知識和發現也都經由這樣的方式一代代地傳到了我們的手中。在過去的幾千年中，無數這樣的祖先卻由生到死，並隨著時間的流逝化為塵埃消逝無蹤。

我們今天的世界是先輩們艱苦努力的成果。勤儉節約並不是人的天性。它是殘酷的現實所逼出來的。這些殘酷的現實或許我們都未曾經歷過，但卻是我們先輩的親身體驗。他們用慘痛的經歷告訴我們，浪費是要遭天譴的。

如今的人類會將工作所得的金錢與經驗儲存起來，並獲得兩方面的收穫：賺來的錢就存到銀行裡去，學得的經驗和知識就傳授給成長中的年輕一代。

每個人的勤儉與否決定著一個國家的盛衰。「因此，每一個勤儉的人都是社會的功臣，而每一個奢靡的人都是社會的罪人。」

「資產就是一個人不把自己的工作所得全部花費掉，如此而已。」

第3課 吝嗇導致貧窮

「浪費比丟失更為可惜。對一個有能力的人來說，有必要時常反省自身，提醒自己不要浪費，要不斷地厲行節約。」

——愛迪生（Edison）

「一夕致富不能持久，日積月累的財富則會越添越多。」

——歌德(Goethe)

「自己工作或珍視、愛惜物品的人才會知道物品的真正價值。」

——西蒙(C. Simmons)

「充滿活力就無所不能。沒有活力，再多的天時、地利、人和，也不能讓直立行走的動物變成人。

——歌德（Goethe）

在英語中，最被人誤讀的字眼大概就是「經濟」一詞了。幾乎所有的人都會說經濟就是不花錢、多賺錢。事實恰好與此相反。

因為，如果你你不花錢買食物的話你就會餓死；如果你不穿足夠的衣服，你就會凍死；如果你沒有安身之所，你就會病死街頭。所以可以肯定地說，經濟和不花錢、多賺錢並不是一回事。

有人說，美國人越是鋪張就越是富裕。從大的範圍上看，事實也確實如此。美國人變富，是因為他們善於花錢。正因為他們很會花錢，在他人眼中就顯得很鋪張。但實際上，他們一般都不很鋪張。他們只是在花錢方面很明智，並在花錢的過程中致富。

吝嗇必然導致失敗和貧窮。英國有句老話：「小錢精明，大錢糊塗。」有些人可能會覺得這全屬無稽之談。

事實上這句話非常富有哲理性。世上有那麼多的人為眼前的一分錢斤斤計較，卻眼睜睜地看著一塊錢從身邊悄然消失。我們周遭之中有多少人在世的時候苛刻自己，一分錢都捨不得花，但最後卻還是在貧窮中死去。

真正經濟的作法是要正確地使用自己的錢，不僅如此，還要正確地利用身邊的事物。經濟就是要好好愛惜買回來的東西。不愛惜物品的行為在身邊比比皆是：浪費糧食、損毀家具、不愛護衣物、破壞房屋、破壞汙損圍牆、任鋼琴在牆角發霉、ＤＶＤ淪為孩童的玩具、燒毀廚房用具、餐具碎裂、衣服隨便亂掛、多餘的被褥隨便堆放在櫥櫃的角落、花園裡的農具在塵土中腐蝕、新買的汽車從不沖洗任其蒙塵，諸此種種，都是與經濟之道背道而馳的。

這些都是十分可惜的浪費現象。但是，它們在美國卻十分常見。美國人的平均收入會比其他國家的人民多一些，主要原因是美國地大物博，自然資源取之不盡。

要是把美國人放在亞洲國家，有一半的美國人都會餓死。即使是大多數的歐洲國家都供不起美國人的揮霍。不論是就整個民族，還是個人而言，美國人可能會比其他國家人民來得富有，但是，要是他們在花錢或使用物品方面能更理智一點的話，或許會變得更富裕。

不要去仇視富人，要找出他們致富的方法。

其中只有極少數的人是經由繼承遺產致富的，也只有很少人是因為好運氣致富的，同樣也只有非常少的人是因為他們在經商方面的才能致富的。但是美國卻有那麼多的富人。這些富人中大多數的人是經由合理花錢、珍惜自己的物品而致富的。

累積財富的祕訣在於買好東西。在選購物品時，必須要選那些經久耐用的東西。雖然這樣的東西可能會花去你比較多的錢，但也不要買那些便宜的次級品。真正的經濟之道在於，蓋的房子要讓子孫住上好幾代、買的家具能用上一輩子、選的衣服不能只穿一個季節、買的地毯即使到孩子的孩子的時候都還能用。

在買到這些東西以後，好好地愛護它們才符合經濟原理。

要是你家裡有一個歷史比較悠久的對象，你會為此感到驕傲；要是你有一樣從你祖母那兒得來的東西，你會很樂意向你的朋友炫耀。

如果我們向可靠的商家買東西，如果我們買的是他們手中最好的東西，如果我們有了足夠的錢才去買最好的東西（以前根本就不買東西），如果我們買了東西以後會好好愛惜它們，如果我們不浪費金錢和物品，那麼，誰也擋不住我們致富的步伐。

口袋裡的錢該花就花，銀行裡的錢該存就存。

第4課 機會總會給有心努力的人

「機會遲早會降臨在有心努力的人身上。」

——史丹利（Lord Stanley）

「為別人的成就高興就是分享他人的成就。」

——奧斯丁（W. Austin）

「偉大的成就來之於持之以恆而非蠻力。」

——詹森（Johnson）

「沒有比理性消費更十拿九穩的收入了。」

——詹森（Johnson）

對那些靠自己的工作賺錢的人來說，最大的機會即是把握住現在。工作的機會和好好工作的機會是人生最重要的歡樂來源。

在工廠裡工作或在田地裡耕作的人，沒有誰會比橄欖球或足球隊員更辛苦。也沒有誰在劈柴的時候花的力氣比高爾夫球員揮桿擊球耗費的力氣大。真正的工作本身就是最大的樂趣。並且大多數的工作也都能轉換成真正的樂趣。

真正勤快的人是不會感到不開心的，因為「辛勤工作可以讓人身體健康、頭腦清晰、心靈充實、錢包滿滿」。勞頓的肌肉能讓人睡個好覺，不管你是因為打橄欖球、打高爾夫球，還是揮動鋤頭斧子而感到勞累。不會工作的人就不會享受娛樂，它的生活當然就沒有樂趣。

一個人想要得到快樂或者獲得完全的獨立，首要的事情就是要找到自己的人生事業。

「如果一件事你能做得比別人都好，那麼你就是個有能力的人；如果輕易地做得比別人好並感到很快樂，你就擁有了自己的事業。」在露西塔尼亞沉船事件中死去的一位偉大的人物說過：「能夠找到自己事業的人真是受上天的眷顧。」

我們好多人都以為自己不能在社會上獲得一席之地，因此就沒打算為社會盡自己當盡的一份力。工作給我們的回報是健康的身體、愉快的心情、榮華富貴以及老有所依的晚年。

美國的救濟所裡擠滿了人。這些人認為其他人有義務要照顧他們，他們以為那是社會欠他們的。這或許是對的，他們也得以生存了，但是他們的生活絕不是你我想要的。

如今，對那些工作效率高的人來說，工作給他們帶來的回報是越來越多了，這樣的人很容易獲得勝利，並且是巨大的勝利。

效率高的人，工作的時間更短，但是獲得的報酬卻比別人多。你我的需要、社會的需要都應該得到滿足。因此每個人都應該讓自己及身邊的人都能盡其所能地工作，這樣我們每個人才能賺到更多的錢，並享受更多的休閒時間和樂趣。

約翰．拉斯金（John Ruskin）說：「一個國家的繁榮程度與這個國家在實現和享受生命的意義方面所下的工夫多寡是成正比的。」一個民族的繁榮來自該民族每個成員的自信。

霍姆（Home）大主教曾經說過：「榮華之於其所有者，正如風平浪靜之於丹麥水手。在風平浪靜的時候，一個丹麥水手往往會放開手中的舵，喝得爛醉，然後倒頭大睡。」如今，好多人都像那位丹麥水手一樣，為一時的榮華富貴所迷醉，丟開了方向舵，呼呼大睡，全然忘記了周遭的海域中或許就有因為失去了舵而漫無目的漂流的人，他們十分需要他人的幫助。

第5課 賺錢是工作，花錢卻是藝術

「生命的最大樂趣在於行事有節制。」

——塔珀（Tupper）

「經濟本質上是收入的巨大來源。」

——塞內卡（Seneca）

「一心想享受更奢侈生活的人，其生活水準在不久的將來很可能會滑落到比現在還不如。」

——愛迪生（Addison）

無論是穿得最講究的紳士，還是打扮得最尊貴的淑女，他們的穿著服裝都必須符合一定的社會習慣。最昂貴的汽車和最奢華的房子也從來都不是奇形怪狀的。美麗而有用的東西，其外形設計、色彩搭配都要受一定的限制。只有這樣它們才能受歡迎，過於奇特是行不通的。

怪誕的想法、天馬行空的想像力、稀奇古怪的潮流，每年都耗費了美國人數不盡的金錢財物。實在沒有必要在自己的東西上面凸顯自己的特立獨行或性格特徵，因此，更需要減少怪異風格的出現。

我們的房屋、汽車、服裝、飾品都應該盡量簡潔大方。這樣，我們在這些事物上花的錢減少了，獲得的快樂也更多了。同時，這些東西都比較持久耐用，比起那些浮華的、豔俗的廢物實用多了。那些東西只不過是流行一時的玩意兒罷了。簡單的東西往往是最優雅的，優良的品質往往最能吸引人的注意。一個簡單優質的東西，其使用壽命必然會比較長，因此就顯得物美價廉。

請一位好的建築師為你建造一座簡單而又牢固的房子，這樣用最少的錢我們就能得到一座造型雅致、使用方便、持久耐用、物超所值的房子。而其他花費高額造價蓋成的房子，則可能在不必要或是根本就看不到的小細節上花去許多錢。

如果我們真的只是關注實用性和簡單美觀，我們就會發現家裡的許多家具和器具都是不必要的，這樣就能夠大大減少我們的開銷了。

在選擇各種風格的服飾時，一定要考慮到我們已經買過的衣物。這樣，你就能夠好好地搭配新添的衣服和舊的衣服，從而讓你的衣服每天都顯得光鮮亮麗。有些人花很少的錢就能買到很多的衣服，有些人在服飾方面鋪張浪費，最後才發現自己的衣物完全沒有風格可言，沒有一件衣服能和其他的搭配。

這些原則可以貫徹到生活中的每一個方面去。在購買食品的時候，精挑細選能讓你花更少的錢獲得更均衡的營養，合理的膳食搭配則會讓你的家人更加健康。一般來說，住在最好的房子裡讓他的鄰居們羨慕不已的人，往往不是那些賺錢最多的人，而是那些會買東西的人。

賺錢是工作，但是如何花錢卻是一門藝術。要是能學會更懂得花錢，每個人都有辦法讓自己的收入增加一半以上。

經濟之道、勤儉節約這兩個字眼經常被人誤解。深諳此道的人並不是小氣或吝嗇，他們只是在選擇物品的時候更加小心。這樣的人才會累積財富，也只有這樣的人才可能成為國家的棟樑。

沒有人可以妄自批評那些堅持品質第一，在不認為物有所值就不買的人。這樣的人才是真正懂得經濟之道的人：你或許已經注意到了，有一些人不知不覺地就變富了。你也不覺得他們有什麼額外的收入，只是發現他們賺的錢越來越多，最後，鄰居突然發現這些人已經成為真正的富人了。

這些人正是靠理智的消費致富的。並且在致富以後，他們買東西的時候依然是精挑細選。這樣，他們不僅能保有自己的財富，並且能不斷地增加財富。

有時候，我們會毫無道理地去嫉妒富人，但是大多數人卻不願意去探究他們是如何致富並如何保有他們的財富。

富人買東西的時候會注意挑選超值的物品，因為在很早以前，他們就懂得了勤儉節約的道理。窮人往往是大手大腳的消費者，小康之家有時候會忽略這一點，但是富人卻時刻注意要節儉。這就是他們富裕的祕密所在。

第6課 選擇你自己的生活方式

「建立適當堅定的獨立的人生觀。缺乏獨立，沒有人能夠感到快樂，甚至沒有人能夠堅守誠信。」

——朱尼厄斯（Junius）

「人沒有選擇是否要生活的權力；但是他們有能力選擇生活的方式。」

——愛默生(Emerson)

一個人自由和獨立的衡量尺度，最主要是取決於他安排自己生活的方式。只有節儉的人才是真正自由而獨立的人。面對這種人，你會羨慕他，你會想知道他是如何處理好身邊的事情的。

無債一身輕的人往往沒有煩惱，因此他們是自由的，是真正自由、獨立的人。這些人可以自由選擇是工作或玩樂，是來或往。他們從來不會忽略自己的工作、娛樂和家庭。這種人不會忽視自己的健康，因為他們知道要保持體力和經濟實力。

他們知道不要在無用的事情上白費力氣，要節省精力和力量；賺了錢之後，他們也知道要適當地存一部分錢起來，以備將來體力衰弱收入減少時的不時之需。

我們經常聽人談論個人的自由和獨立。但是，只有那些懂得節儉的人才能真正獲得獨立和自由。每個人要為自己的自由和獨立努力。只有經由努力，人們才能知道如何利用自由和獨立，如何不濫用這一權力。

在你的家鄉可能就會有一些你特別羨慕的人，你可能會好奇他們是如何遠離煩惱和擔憂的。你知道他是個成功人士，你甚至會嫉妒他。但至少你想得知他獲得成功和快樂的祕訣。那麼，下次你在街上遇見他的時候，你可以問他這些問題。

這樣的人一般都很樂意和別人分享他成功的祕訣。在知道他成功的祕訣之後，你會發現他的祕訣可以用這些詞概括：懂得解決，保存力量、精力，節約諸如衣服、食品、金錢在內的錢財。

《獨立宣言》（Declaration of Independence）發表多年之後美國才真正成為

一個自由的國度。我們當中有許多人也是在《獨立宣言》發表幾年之後才意識到什麼是自由和獨立。那些有勇氣發表宣言的人最終獲得了勝利，那些缺乏勇氣的人就像國會中的那七個反對簽署《獨立宣言》的議員一樣。

現在，我們絕大多數人都不知道他們的名字，他們都消逝在歷史的長河裡了。

第7課　做你自己的主人

「自由的魅力光芒萬丈，但是奴隸卻永遠感受不到。」

——庫珀（Cowper）

「踏實苦幹的人大多是誠實的人，勤勞讓他們遠離誘惑。」

——博維（Bove）

獨立最全面的解釋就是絕對的自由。「不是自己主人的人就不是自由的」，

而受其他事物奴役的人是不能成為自己的主人的。

一個「自由、二十一歲的白人」依然可能是一個卑微的奴隸。他可能遭受習慣、潮流、工作的奴役。一個人如果遭受習慣的奴役，那麼他可能算得上是最卑微的奴隸，不管這種奴役他的習慣是哪一種類型。一個能自主決定自己行為的人是不受任何習慣的奴役。

遭受潮流的奴役的人是最悲慘的。因為它不僅讓人一貧如洗，在人覺醒之後，還給人帶來不盡的懊悔。一個受工作奴役的人並不能從工作中獲得最大的收益。如果工作壓制了他，那麼他就不會全心工作，因此也就不適合這個崗位。一個能夠主導工作的人應該是對自己的職位感到滿意並讓上司滿意的員工。這樣的人才是自由的人。

自由和獨立也經常被人誤解。自由和獨立給人們帶來最多的是幸福和滿足。錢買不來幸福，也買不來滿足，但是賺錢的過程並用錢辦事的過程能夠增加你的滿足感，而這正是最大程度的幸福。

我們要養成感受幸福的好習慣。這種習慣並不會奴役人，因為只有絕對自由、完全獨立的人才能養成這種習慣。

有人常認為自由是有條件限制的。「世上有兩種自由：偽自由——人們可以隨心做他們喜歡做的事情；真自由——人們可以隨心做他們能做的事情。」在美國，每個人都享有最大程度的自由和獨立，但是這種權利是和其他權利並存的。此外，經由累積財富、增加幸福感和滿足感，人們還可以讓自己獲得更多的個人自由和獨立。

只有「能夠為自己做主的智者才是真正的自由人」。「獲得自由，只不過是獲得能夠讓我們隨心做我們應該做的事情，隨意擁有我們應該獲得的事物的權利。」

擁有一定的金錢和財產，從而佔有足夠的事物，以保證個人和家庭的自由和獨立。世上的每一個人都有這樣做的權利，並且絕大多數人都有這樣做的機會。除此之外，不需要再去苦苦追尋絕對意義的幸福、滿足、自由和獨立，以付出健康為代價。

正如愛默生（Emerson）所說：「一個深諳經濟之道的人，或者一個能很好處理欲望和雄心關係的人，或者是在生活中彰顯自己個性的人，他不需要去把握未來，就已經是人生的主人了，是一個自由的人了。」

第8課 財富不是擁有很多，而是欲望很少

「生活中想要有充裕的錢花用，就要讓你的生活水準訂在你的預期的水準之下。」

——泰勒（Taylor）

「賺錢難，但是懂得會花錢更難。」

「賺錢時如流氓般瘋狂容易，花錢時像紳士般溫和文雅。」

——克爾頓（Colton）

「財富不是擁有很多東西，而是欲望很少。」

——伊比鳩魯（Epicurus）

「賺錢很難，省錢更難，要理性地花錢則是最難的。」

——戴（E.P.Day）

泰勒生活的年代離我們已有幾百年之久。那時候，資金的累積還很緩慢費力。如果他活到現在，他大有可能會說：「如果你想享受更長的壽命，並在你的

晚年有閒錢花用、生活無憂、自由自主的話，那麼你的生活水準就應該訂得比你想要的水準低。」

佔有、享受，並為生活中我們擁有的必需品感到滿足，這是我們每一個人都有可能做到的。如果你比較會挑選的話，你很有可能在不改變現有生活條件，依然享受現有的生活樂趣的情況下，把你的支出減少10％、20％，甚至30％之多。

幾乎所有的人都買過他根本就不需要的東西。有些人擁有幾處房產，有些人正在購買多處房產，但是他們實際上並不需要這麼多房子。為此，他們需要更辛苦地工作，付出更多的精力財物。

很少人注意到應該在東西最便宜的季節裡購買東西。每年總有那麼一天、一週或者一段時間裡，某樣東西的價格會降到最低。幾乎所有的東西都是當季的產品，因此供應量最多，需求量最少的季節就是我們購買該項物品的最佳時機。購買皮毛和燃煤的最佳時機當然不是第一場雪降臨的季節，而購買蘋果的最佳時機也不是二月份。

在中西部某個城鎮裡的一個商人透露說，在他的商店裡賣出的家具，幾乎有一半是以低於成本價賣出去的。但同時，他也說，他從一些柳條編織的家具上所

獲得的利潤是相當可觀的。很多人都喜歡在陽台、走廊或避暑莊園裡擺放這種家具，因而它的需求量比較大。大多數人集中在春天裡一段大約兩週長的時間內買這種家具，他們意識到自己有這種需要。他們大可以在其他任何時間內購買，比如說他們現在就能買一些以備明年春天使用。這樣，在未來幾個月的採購中，就可以一次省下25％甚至更多的錢。

人類是一種遵守習慣的生物，習慣一旦養成就很難改掉。但是，一個願意為奢侈品揮霍一下的人，的確會比那些整天看著奢侈品無動於衷的人來得快樂些。

如果連生活中的必需品我們都能夠酌情刪減的話，那麼要減去其他更多的東西就更不成問題了。進行了幾週之後，當你發現自己賺的錢比過去還要多的時候，該是多麼的高興啊！至少，這件事值得一試。

把自己的生活水準降到你想要的水準之下，三個月過後，你必然會後悔自己早些為什麼不這樣做。至少這會讓你養成節約用錢的好習慣。沒有人會嫌錢節約得太多，因為你每省一塊錢，它就立即存入銀行，進入投資，然後由其他人處理使用，進而發揮錢的作用。但是這些錢的所有權依然屬於存款的人。

第9課　下定決心，就一定能得到

「只要有心努力工作並願意為之付出，總能得到想要的東西。」

有些人渴望財富，有些人只需要平靜、舒適的生活和一定的經濟自主。有些人渴望名利和他人的稱讚，但有些人卻只需要身邊的人如上司、親戚和朋友的肯定就滿足了。

有些人希望能周遊世界，遍覽世間美景，但有些人卻滿足於遊覽那些最有名最有趣的地方，讓自己的步伐能跟上社會的發展就可以了。

有些人想要在城市裡有房子、農村裡有農場、北方有避暑莊園，南方有避寒別墅才高興。而有些人只要在離市中心不遠的地方有個安靜舒適的小家園就感到很滿足了。

有些人喜歡加入很多的俱樂部、協會和組織，但有些人只要加入一個高爾夫球社或體育協會或其他的社團組織，讓自己能認識並融入和自己志同道合的人群中就很知足了。

有些人想要好幾輛風格不同的汽車、要一個司機為他開車，還要一個人專門為他看車，而有些人只要一輛價格適中的車就可以了，更多的人則對汽車毫無欲望。

有些人想要一個超大的櫃子，裡面裝滿了各種衣服，不同的日子、不同的時間都能有不同的搭配。而有些人只要有日常衣服加上一套節假日禮服就可以了。

有些人想要的東西多一點，有些人想要的則少點，但是只要有足夠的能力，每個人都有權利去實現自己的願望和雄心。每個人都有權利為自己的願望而努力，只要充分努力，他成功的機會還是很大的。

只要設定了目標並為之奮鬥，就有可能會成功。他或許大器晚成，但終將成功。沒有目標的人不太可能獲得很大的成功。這樣的人生沒有意義，他永遠不知道自己已經得到了什麼。

有一個真正的智者曾經說過：「目標訂得高就必然會有所成就，目標訂得低注定只能原地踏步。」把目標訂得比較高的人可能達不到他的預期目標，但是也會很接近目標，而目標低的人或根本沒有目標的人則相反。

當一個人下定決心要獲得一定的東西的時候，他已經在成功的路上行走了一半。不管他想要的東西是健康、名利、地位、房產還是僅僅是一份工作。

從前，有個小男孩身懷著六十五美分的錢走進一家銀行存錢。但是工作人員卻告訴他開一個帳戶至少得要一美元。小男孩無言地轉身離開了，銀行裡的人都低頭不語。有一兩個人還瞥見小男孩在走出銀行的側門時落下了眼淚。但是不到五分鐘，小男孩又走進了銀行，他走到先前和他講話的那個工作人員面前，摘下自己的帽子說：「先生，等有一天我成為這家銀行的主人，不管什麼人，無論他手裡有多少錢，都能在這裡開帳戶。不會有一美元的限制。」在他走出去的五分鐘內，小男孩下定決心要成為銀行的主人。

筆者在多年之前有幸參加了一個為這個當年的小男孩舉辦的酒會。那時候，他已經六十六歲了，在擁有那個銀行絕對股份二十五年之後，他從董事長的職位上退休了。

在他流淚、激動、並下定決心成為銀行主人之後，用了不到十四年的時間，他成功地步入銀行界，並擁有了一個屬於自己專屬的漂亮保險櫃。

「讀過許多有關機遇的格言之後，我們又回到了出發點，這時候我們就會發現我們的運氣和條件都是自己創造來的。」

第10課 獲得富貴的規則

「一帆風順的成功道路造就不了有用的、快樂的人，正如平靜的海面造就不了熟練的船員一樣。」

——伯頓（Burton）

「不謹慎生活就不可能活得快樂，而活得不快樂的話就不能活得誠實正直。」

——伊比鳩魯（Epicurus）

「猶太人的諺語是永遠正確的，因為它們都是經由經驗獲得的，而經驗正是一切科學之母。」

——賽凡提斯（Cervantes）

富貴常常會蒙蔽人的判斷力，毀掉人的識別能力。人們的生活方式和追求目標常常可以表現這一點。

在獲得富貴的過程中總有那麼一個階段，人們會需要消費，並要毫無怨言地付出代價，因為付出代價是獲得富貴的規則。但是，如果一個人在購買東西或安排生活的時候能夠精挑細選、精打細算的話，就可以避免付出很多代價。

在選擇我們需要的東西的時候，不論是選擇必需品還是選擇自己想要的東西，如果能時時想到並做到要精挑細選，那麼在我們購買的每樣東西上都能省下一點兒的錢，有的時候甚至能省下一半的錢。

眾所周知，大多數的美國人都可以算是不錯的賣家，但也都是不合格的買家。作為一個民族，我們很注重教育、培養、發展我們的行銷技術，這一技術現已經達到了較高的水準。我們有專門的學校來傳授行銷技巧，許多著名的金融類大學近年來也陸續設置了行銷專業。

由此可見，我們十分注重怎樣去賣東西，但是很少有人關注要怎樣購買我們的消費品。大多數人在買東西的時候還是顯得迷茫，不懂得科學的購買方法。

假設我們控制自己的購買欲望，只買那些最能滿足我們需要的東西，並且應用我們全部的判斷力去決定哪個東西比較好。那麼一年過後，你就會發現這樣精挑細選的效果還是很明顯的。

多少次，我們衝進一家商店，買下一堆我們自己不需要的東西。一旦等我們回到家，就立即把這些東西丟進櫃子裡、鎖進抽屜內或者擱在架子上，一連幾個月甚至一年都不會想起曾經買過這些東西。

如果我們只購買需要或者想要的東西，並且在看到想要或需要的東西之前絕不買別的替代品，那麼我們很快就會發現過去所買的許多東西都是可有可無，甚至有些還是完全不必要的。

然後你就會發現，只買自己想要的東西，不需要額外編造理由，就可以放心購買東西是多麼地快樂！不論你買的是一間房子、一輛汽車還是一頂普通的帽子，你都能獲得同樣的快樂心情。

世上大多數人家裡都會有一些他們從來沒有戴過的帽子，從來沒有穿過的鞋子，或其他從來沒有穿過的衣服，而且這些東西並不是他們需要的東西，他們將來也不太可能會使用，因此根本就不應該買回家。但是，買便宜貨並不是理性消費。與其用一丁點的錢買一件自己不需要的替代品，還不如花很多的錢買一件自己需要的東西。因為買了不需要的東西會讓人感到不開心。

為一個完全能滿足自己需要的、品質好一點的對象多花一點錢，就可以避免買三、四個便宜的、經不起使用的、滿足不了自己需要的東西，也可以避免買其他過於昂貴的東西。

買東西的關鍵點在於會挑選，學會挑選就能減少購買物品的數量。這樣，生產商的利潤提高了，加工者的利潤也會更大，銷售商的利潤也會更客觀，這樣每個人都能從中獲益。

富貴可能會削弱人們小小的判斷能力，因為人們已經習以為常了。富貴不能提高人們在挑選物品方面的才智和能力，它很可能會讓人衝動、盲目。它讓人注重數量而忽視品質。

抱有這樣的想法，我們的行事就可以形成一定的準則。只要遵循準則，去享受我們擁有的東西，去擁有我們必要或需要的東西，這樣就可以保證富貴不衰，可以讓我們生活得更快樂，讓自己更滿足。這個準則就是：勤勉工作、細心選購、誠實做人、公平交易、平等待人。

這些觀點現在有些人聽起來可能會覺得都有點過時、有點奇怪了。但是在有關錢的方面的準則，是永遠不會過時的。遵循這些準則的人在一年過後就會發現自己的錢增加了不少。

第11課 繁華時準備變化，困境中追求變化

「我們的社會反對吝嗇，但是欣賞節約；花錢大手的人比較成不了大事，花錢嚴格的人則相反。」

——巴克斯頓（Buxton）

「繁華時候準備變化，困境之中追求變化。」

——蒂伯（Burgh）

幾乎所有曾經到過美國的歐洲遊客在回到國內以後都會說，他們對美國的第一印象就是美國人都是「財迷」。對於一般的美國人，這個說法八九不離十，除非哪天美國人不追著錢跑了。

當然，美國人並不全是追著錢跑，想把錢緊緊握在手上，因為我們只是把到手的錢存起來了小小的一部分，比其他國家的人遜色多了。要我們真是「財迷」或「守財奴」的話，我們就不會像現在這樣大手大腳地花錢了。如果要用更準確的語言描述美國大眾，那就是美國人都堅信「價格至上」。

當我們走進一家商店想要購買東西的時候，我們首先會問商品的價格，然後從價格的高低上判斷品質的優劣。因為我們接受的教育一直就是一分錢一分貨，想要買到好東西就得付出高價錢。

因此，我們首先會問價格，然後挑選其中最貴的帶回家，同時還滿心地認為我們買到的是最好的東西。不久前，中西部一個大城市的商店老闆在他的店裡做促銷活動。店裡賣的鞋子促銷價分別為六美元、九美元、十二美元。這些鞋子的進價都是一樣的，都是七．五美元。在促銷的第一天，十二美元的鞋子除了幾雙鞋碼比較特殊以外，全部都被搶購一空。

九美元的鞋子賣了一大半，但是六美元的鞋子在六天的促銷期內卻只賣了一成。買鞋子的人只是簡單地問了下鞋子的價格，然後就認為價格最高的必然是品質最好的。

在一個大城市的一個大型零售商店裡打出大量廣告說有中國絲綢要促銷。有許多綑的絲綢標價為每碼一百六十五美元，而其他一些的標價則為一百三十五美元一碼。不到中午的時候，一百六十五美元的就銷售一空，但一百三十五美元的卻還留下了不少。

這些絲綢的品質完全一樣，不需請絲綢方面的行家鑒定，我們一眼就可以看出綢子邊上的標誌，包括生產批次在內的資訊都是完全一樣的。我們買帽子的時候問的第一件事情就是帽子的價格。

到畫廊買油畫的時候，我們也不是根據畫家的簽名或者圖畫的美觀與否做出選擇的，而是根據其價值幾何決定的。沒有人花錢會比美國人更大方了。如果美國人真是「財迷」的話，那麼他們也是努力把錢送到人家口袋裡的「財迷」，而不是一心把錢裝到自己口袋裡的「財迷」。

評判商品的標準被完全顛覆了，品質不再是我們選擇商品的準則。我們選購某個商品的決定因素變成了商品的價格，而且我們只選貴的，不選對的。

一個美國最大城市市區的一個流動劇院，主動把自己的入場券票價從五十美分降低到三十五美分，但是生意反而不如從前了，儘管該劇院上演的劇碼水準還是和以前一樣。一個一流的飯店把其價格下調了15％，其食品和服務品質都沒有改變，但是客流量僅僅多了3％。美國人並不在意便宜貨。

有一個老故事說的是把一批貨切分成好幾小塊，改造後就以更高的價格出售。

這個故事在現實生活中已經被證實了不止一次。沒有人可以責怪那個商人，因為他只是用簡單的語言描述他的商品，並沒有弄虛作假。該負責任的是購買者本人，因為是他自己不根據商品的品質，而僅僅根據其價格來判定商品的優劣。

現在，我們在買東西的時候要發揮自己的鑒別能力。如果我們從一開始就能像我們祖父母在進行買賣時的精挑細選，仔細地甄別，那麼我們所花掉的每一塊錢，都能比過去多省下十～三十五美分的錢。但是同時我們也要注意商品的品質，而且要同那些誠信經營、定價合理的商人做買賣。

在買東西的時候，如果你堅持只付某個價格，並且這個價格和商品的價格大致上是吻合的，那麼大多數商人都會把東西賣給你的。但如果你非要多給錢的話，商人肯定會更樂意賣東西給你，除非他是傻子。

關注品質，不要管價格了。先選好東西，然後再關注價格。然後你就會驚奇地發現以品質為衡量標準之後，你經常選擇的是哪些比較便宜的產品。

第12課 不能隨便借錢給別人

「和其他事情一樣，為人大方也是要用點智慧的—與所有人都交好的人沒有真正的朋友，或者從本質上說，這個人是在犧牲家庭的利益幫助陌生人，最終使得自己淪為與乞丐為伍的地步。」

——斯波俊（Spurgeon）

不久前，一家金融業重要刊物刊登了一份報導，說的是紐約的一個男人破產了。他的資產只剩下十美元，他曾經擁有過十萬美元的家產，但是在過去的七年中，這些錢居然有九萬是被他的朋友給借走了。這份刊物指出了一個事實，那就是許多人都是靠別人的錢生活，而且在享受本該屬於他人的安逸舒適。

當然，這個故事還是比較罕見極端的。但是這個人的作法在現實生活中卻並不罕見。不管是對債權人還是負債人來說，在同事當中把錢來回轉借是不太明智的作法。尤其是把錢隨隨便便借給其他人卻是致命的借法。這種借債方式會破壞友情，讓熟人關係變得冷漠，因此還不如不借。

還有一個人也破產了，因為他平白損失了一萬八千一百六十美元。因為他把錢借給了很多的親戚、朋友，還有熟人，連借條都沒有寫。當這個人去打官司的時候，他收回來的錢還不到五百美元，因為他不能證明自己曾經借出去過哪些錢。在被借錢的時候，他既不做記錄，也沒有和借錢的人約定歸還的時間。他原先的一個朋友反而說，他從這個人那兒得到的一千五百美元是自己該得的報酬，因此這個人的破產不關他的事。

這個故事很殘酷。因為這個人破產只是因為他償還不起八千九十美元的債務。因此，要是他原先沒有隨便借出那一萬八千塊美元的話，就不會破產了，甚至他的銀行帳戶裡還會有一萬塊錢的存款。

經由努力工作、省吃儉用賺下來的錢絕不能隨便借給別人，除非你確實能保證這個錢可以收得回來。我們借錢給朋友，經常是隨手一遞，連借條都不寫。長此以往，這種作法肯定會帶來不好的結果。

有資格借錢的人完全可以到銀行去貸款，或者說他的信用或固定資產能夠抵押銀行貸款。這種人就可以保障他能按時歸還債務。因此，在通常情況下，這種人不應該向他的親戚、朋友或熟人借錢，除非他能提供強有力的保證。

但是，在一些突發情況，如生病、死亡或意外事故發生的時候，親戚朋友們還是應該伸出援手的。但是，這些情況是比較特殊，不常見。紐約的那個破產者現在只能每天消磨時間，僅能向朋友借錢度日。他寫道：「借錢度日不比當乞丐好多少。」聽了這句話，我們真應該多想想。

還有一個人深陷困境。他的朋友積欠了他許多錢，因此他現在連老婆和兩個孩子的日常生活都無法維持了。他之所以會淪落到如此境地，是因為他今天借給這個人五塊錢，明天借給那個人十塊錢，他們卻沒有許過任何還錢的承諾。這個人可以算是一個誠實的人，但我們也不得不承認他是一個蠢蛋。

寧願因為不借錢給別人而遭人嫉恨，也不要因為到時候去催人還款而受人厭惡。因為，在兩種情況下，你都會得罪人，但是如果你沒有把錢借出去的話，你起碼還有錢。或許你並不是那種做事欠思慮的人。但是你很可能已經借出了很多錢，而那些錢你可別想收回了。

莎士比亞(Shakespeare)生活的年代還沒有銀行，但是那時候向朋友借錢的事情也非常普遍。他曾經這樣說過：「不要向人借錢，也不要把錢借給人家。

因為借錢不僅會讓人損失錢財，也會破壞友情，同時還讓你無法管理好自己的錢。」我們應該謹記這句話。

第13課 別人做得到的事情，你也可以做到

「別人做得到的事情，你也可以做到。」

——楊（Young）

觀察看看有哪些事情是身邊的人已經做過的，而我們自己卻沒有做過的。然後想想看有沒有必要這樣做。這種觀察是十分有趣的。

有一件事是我們人人都應該去做的。那就是增強自己的本事，學會獨立的生活，這樣明天的生活就會比現在更美好。

有些人認為，薪資或薪水收入就是我的淨利。這種想法是錯誤的。這樣做的

後果即是他永遠也得不到淨利。企業的收入僅僅是收到的錢，個人的收入也僅僅是收到的錢。如果你收到的是報酬，你收到的也僅僅是錢。但是如果你收到的是薪資或薪水，那麼你收到的就是巨大的利潤了。

從個人的薪資和薪水這一利潤收益中，你首先得支付生活消費，就像企業應該從它的鉅額收入中減去企業成本費用一樣。然後剩下來的才是淨收益或者實際的淨利。但是對我們大多數人來說，淨利只佔我們收入的很小一部分。

一個人真正的淨利是在他支付完「肉店、麵包店、蠟燭店」的帳單後的結餘。而從這些淨利中，他還必須拿出錢娛樂和準備將來養老之用。

近年來，美國人很熱中於省錢，雖然對省吃儉用還是有很多非議。美國人平均存款額度高於其他任何一個國家。我們國家的好多人也比其他國家的人更熱中於存款。或許我們不應該過於自信，不應該因為我們賺的比誰都多，就認為我們存的也要比誰都多。

世界其他國家的存款人數之和是美國的十二倍，但是世界上三分之一的存款點卻設立在美國。

以前我們都說努力賺錢、隨意花錢、然後賺錢。現在這種觀點已經不太流行了。一個沒有淨利的企業是失敗的企業，注定要破產。這種道理也適用於個人。如果一個人不想成為失敗者，不想淪為破產者的話，他就得好好安排自己的收入，每個月都要留出一部分結餘。

我們每個人都要面對的經濟問題是如何賺錢，如何花錢，如何賺錢，如何讓自己變得獨立。

第14課 致富之道在於知道怎麼花錢

「教會了我們鄙視金錢的哲學觀點，並不能為大家所接受。」

——泰勒（Taylor）

最經常也最能讓我們的錢包變少的原因之一是，我們的錢被親戚、朋友或熟人給花掉了。你身邊有很多人會毫不猶豫地讓你為他們付車票錢、門票錢、午餐錢或飲料錢。對有些人來說，讓那些看起來比較大方的人為他們支付許多雜費，已經成了一種精妙的藝術了。

在我們鎮裡有一個人，只要有人跟他一起出門，他就會搭計程車，然後讓別人為他付車錢。有的時候甚至只是走幾步老路他都要搭計程車。從來沒有人見他是一個人坐計程車，也沒有人見過在有別人在場的時候他付過車費。

我們好多人的內心深處都瞧不起錢，尤其是瞧不起小錢，比如說不到一美元的錢。我們每天多少都要坐一次公車，每週搭一兩次計程車，每兩個月請人家吃一頓午餐，一星期看三四次電影，這些加起來要花掉多少錢？在一個人的一生中，即使是一天僅坐一次公車，一週僅搭一次計程車，每兩個月吃頓館子，然後看一些電影，就是這樣，一個人平凡的一生中就耗去了五萬美元，永遠也收不回來。

把五個手指併攏起來，會覺得自己的手很強壯。消費也如此，疊加在一起就會顯得很龐大。也許上文說到的事情你並不是樣樣都做。你可能只是做了其中的一件。

但是，即使只是做其中的一件事情的話，在短短的幾年內也會花掉數百美元的錢。

世上最令人討厭的是吝嗇勢利的人，但是世上最愚蠢的人卻是那些在剛認識的人身上揮灑小錢的人，因為其他人只會在背地裡嘲笑他們的愚蠢。

那些有錢的人，那些學會省錢的人，那些真正懂得錢的意義的人，是不會那樣亂花錢的。只有那些口袋裡沒有幾個錢的人才最愛亂花錢。因為口袋裡錢很多的人早就學會了省錢。有錢的人往往會管理自己的資源。好多人的致富之道在於他們知道什麼時候該花錢。

如果讓一位年輕人去款待或是陪伴一位有地位、有財富的老人的話，這位年輕人很可能就會款待得過於客氣了。有好多人他們其實自己並不是很能付得起錢，但是一旦他們參加一個小聚會，就會特別堅持要付帳。於是其他人只好讓他付了。

經常炫耀自己的錢，經常搶著付錢，並不能表現一個人的大方，只是表現他的粗俗。對那些有錢人來說，一個人花錢大手大腳只是因為他們還沒學會如何花錢。

對大多數的美國青年來說，給他們最好的忠告就是：「把手從口袋裡掏出來，

把錢留在銀行裡。」

愛默生（Emerson）曾經說過：「一個人值得人家怎麼看待他，人家就會怎麼看待他。」他或許還應該加上——其他人對他的判斷並不是基於他的外在，而是經由觀察他花錢的方式。

但是省錢也不要太極端，以免被人家罵作小氣鬼或「寄生蟲」。

但是至少從今天開始，我們要學會如何對自己「小氣」。在這一方面，我們可以向那些富人學習節儉，如果沒有節儉的話，這些富人就不會成為富人了。

愛默生還說過一句話，很值得我們深思：「英國人積極向上，心態平和。他們認為如果一個人不能維持或提高自己的社會地位的話，他也該照顧好自己，並感謝自己。」

第15課 富有的關鍵是我們享受了多少快樂

稅率很高，但是如果我們僅僅需要支付政府徵的稅，那麼我們的負擔就不會那麼重了。但是我們要付的稅不僅於此，我們在其他方面付的稅可能會比國家徵人的還要多。我們因為懶散，損失的錢是稅收的兩倍；因為，高傲損失的是稅收的三倍；而因為愚昧，損失的卻是稅收的四倍之多。而這些方面的損失都不是經由國會委員們的討論爭取就能夠減輕的。

——富蘭克林（Franklin）

「關鍵不在於我們有多少錢（也不在於我們花了多少錢），關鍵在於我們享受了多少快樂。」「快樂來自於我們心願得以滿足，快樂還來自於我們擁有正確的心願。」

——奧古斯丁（Augustine）

我們之中有誰沒有抱怨過稅收太高，而又有誰敢說我們因為懶散、高傲、愚昧而損失的錢會比各級政府——包括聯邦政府、州政府、地方政府——徵收的稅費總和還要少？

稅費的確是很重的負擔，但是它卻是國家動力的來源。我們因為無端消耗掉的時間和丟失機會損失的錢、我們因為無謂的驕傲、因為不斷的與周圍的人攀比、因為我們的愚昧無知而損失的錢，並沒有成為國家的動力之源，也無助於我們人格的形成和社會地位的提高。

我們絕大多數人每天都會浪費一些時間，然後我們的收入就會相應地減少。即使是那些按月領薪資的人，如果他們不讓自己擁有工作力的話，老闆也不會給他們調薪。工作的動力來自於更高強度的工作和人的積極投入。

「生命很短暫，生命的意義在於工作。如果你做了一件事，或許不一定會把事情辦好。但要是不做的話，你永遠也不會辦好。」

我們因為高傲而付出的代價是最為昂貴的。許多人認為我們的鋼琴、留聲機、餐桌、衣服、鞋子和其他我們擁有的東西，都應該比我們朋友家的更好，至少也要差不多。而且這些東西不僅要有用、好用、美觀，它們的價錢也應該比別人家的貴。

這樣要求的原因僅僅是用來滿足我們無謂的驕傲。在沒用的事情上攀升花費，這種驕傲是沒有意義的。這種無謂的驕傲每年都花去美國人無數的金錢。

愚昧給我們帶來的損失不僅非常慘重，而且毫無必要。在娛樂上過分花錢是最純粹的愚蠢。只是為了享受花錢得到的快感而花錢的人是最常見的，也是最糟糕的。

有誰的家裡沒有一些堆在櫃子角落或閣樓上蒙塵的東西？它們都是我們在頭腦不清的情況下買的無用之物。

我們不要妄想讓國家減少稅收，因為國家需要這些收入來維持運作，來保護人民並服務於人民。但是，我們或許可以做些努力，減少我們那些無謂的「徵稅」，比如說因為高傲、懶散、愚蠢而損失的金錢。

不要滿不在乎地以為這和自己沒有什麼關係。過去的一年中，在我們國家裡恐怕是找不出哪個人沒有因為懶散、高傲和愚蠢而多花錢。

去年，我們花在不必要的支出上的錢高達數十億美元。真難以想像要是把這些錢都花在更好的事情上或者是更值得花的事物上，那我們將會有多少收穫！

第16課 學會運用你的財富

「如果一個人很富有，那麼他也沒有什麼了不起的，除非他知道該怎麼利用自己的財富。」

——蘇格拉底（Socrates）

「一個有雅量的人靠省錢致富；一個狹隘的人因揮霍致貧。」

如何藏私和如何省錢是完全兩碼事。經由勤儉節約省下來的錢不僅對你自己大有裨益，對你的家庭、朋友、團體，甚至是國家也是有利的。但是藏私對你自己和他人來說都是沒有好處的。

都柏林有個老年婦女活生生地餓死了。但是在他們家的各個角落裡卻找到了價值一千多英鎊的金幣和銀幣。這個女人只顧一味藏私，結果卻把自己餓死了。

還有一個英格蘭肯特郡的老年婦女，她已經領了好幾年的貧困救濟金。在她死後，人們整理她屋子的時候發現，她居然藏起三大包的金幣。這個女人一生都在受貧困的煎熬，政府和她的鄰居還得時常接濟她。但是在別人為她花錢，供她生活的這麼多年裡，她卻悄悄地藏起那麼多的錢。

在紐約的一條街上，出現了一個老乞丐婆。當她因為無證行乞而被捕的時候，員警發現在她的腰包裡居然有一千八百多美元。這個老乞丐婆也是為了藏錢而不惜去當乞丐。

在威斯康辛州肯諾夏市的一戶人家裡，三個孩子在床墊下面找到了一堆用手帕包著二千五百美元的紙幣。他們把這個手帕包扔進火爐裡燒。結果小孩的家長把燒後的餘燼送到華盛頓去，期望那裡的銀行能鑒定出一些殘存的紙幣，給他們兑換。這些小孩的家長把錢藏了起來，卻讓孩子一把火給燒了。

一個美國參議院的議員、一位大政治家最近逝世了。他把二十五萬美元的現金遺產鎖在保險箱裡頭。這個人把賺的錢藏了起來，但是他自己和其他人卻都沒有花到。

強盜們闖進了密蘇里州一戶退休商人的家，搶走了二千美元的現金。這位商人把錢藏了起來誰也不許花，就等著強盜來一把搶光。如果當初這些錢能進入投資領域，錢的原主人也能從投資中得到一點收益。但是，把錢鎖在家裡面卻是對誰都沒有好處的。有一家大型連鎖商店的一個分店損失了六萬美元的現金。這些錢又有一部分在爆炸中炸成灰了。這家公司把錢放在竊賊觸手可得的地方，而竊賊拿不到的那些則一毀了之。

一個十分有名的汽車零配件老闆的遺孀去年逝世了。在她每天拎著的一個皮包裡面居然找到了不止二十五萬美元，這些鉅款現在都已成了她女兒的財產了。這個女人賺了那麼多的錢，她自己、她女兒和其他人都沒有花到。她女兒的監護人把錢重新送入投資，然後每年可以得到一萬美元的回報。而不是像以前那樣把錢放在皮包裡，然後還得天天盯得牢牢的。

藏私並不等同於省錢。省下來的錢應該放在安全的地方，利用它們給自己帶來好處。

至少目前來說，這個安全的地方是銀行。只要自己的錢累積到一定的數額，就可以購買一些不動產、債券、抵押債券，或者投資到保險或其他財產中去。

一個人省下來的錢應該要對自己或他人有利才行。放在口袋裡或藏在一個隱蔽的地方的錢對它的主人來說是沒有任何價值的，它們只不過是一堆銀行印發的紙張而已。

藏私和藏錢的人絕對是愚蠢的人，要不然也是無能的人。省錢的人卻是明智的人，是堅強的人，也是有遠見的人。這種人正在走向獨立，他將來必然會獲得舒適和滿意的生活。

第17課 不要放任你的欲望

「我們的欲望並不是生來就有的，而是經由受教育和習慣形成的。」

——菲爾丁（Fielding）

「如果你只是按自然的需要生活的話，你就不會陷入貧窮；如果你是放任自己的欲望生活的話，你永遠也不會富裕。」

——賽內卡（Seneca）

在最近幾年內，許多人都養成了各種不同的習慣。現在，不是這些人打破自

己的壞習慣，就是他們被自己的習慣所打敗。

在這些壞習慣中，最為嚴重的一種就是「絲綢嗜好」。有這種習慣的人，不管做什麼東西都喜歡選用絲綢，絲毫不考慮絲綢是不是最適合使用的材料。有時候，其實用棉料或毛料會比用絲綢好得多。

在過去的幾年中，為了購買絲綢，我們每天都要把上百萬美元的資金送到大洋彼岸去。這筆錢比美國政府一年徵收的關稅還多。然後就是「汽車嗜好」。有些人，本該多多走路，保持身形，但是卻選擇開車或搭計程車出門。即使他們只是要到幾步遠或半里遠的地方去。

如果我們真想省錢並能夠獨立的話，我們還應該改變自己的旅行習慣。

商務旅行無可厚非，旅遊和遊學是值得鼓勵的。但是，對好多美國人來說，旅行僅僅是他們從一個地方移到另一個地方去的耗費高昂的習慣。

最糟糕的、影響面最大的、最難改掉的習慣就是購買無用之物的習慣。大多數的人都有這個習慣。在過去的一年中，許多人的收入都提高了，但是也都養成了購物習慣，尤其是購買無用之物的習慣。這種壞習慣對有些人的影響真是超乎我們所能想像的。

一般在購買無用之物的習慣者當中，有些特別極端的人：一個買了二十二頂帽子的男人；一個買了十四雙短靴、七雙高統靴的女人；一個買了二十二條毛披肩的女人；一個擁有四架鋼琴的家庭；一個有一輛摩托車、兩輛小汽車的工人和一個自稱有五十六件絲質襯衫的推銷員。

這些人都屬於極端浪費的人，但是他們之中沒有一個是富人。除了那個有四架鋼琴的人家有個四居室的房子外，其他幾個人都沒有自己的房子。

對這些人來說，只有讓他們的收入減少點，或許才可能減少他們為了享受花錢的樂趣而拚命購物的熱情。

要是在他們收入沒有減少的前提下，他們能夠從現在開始只買那些自己需要的東西的話，他們就可以省下一些錢了。

第18課 不要浪費時間和金錢

「致富之路和經商之道是一樣簡單的。用兩個詞表示就是勤奮加勤儉。也就是說，不要浪費時間和金錢，要充分利用這兩者。」

——富蘭克林（Franklin）

「在不知不覺種養成的習慣，就像溪流匯成江河，而江河奔入大海那樣。」

——德萊頓（Dryden）

有些商人、生產商或其他企業家說只有當人們不再省錢，而是隨心所欲花錢的時候，經濟才能達到全面的繁榮。商人們有時候會認為，銀行和理財機構都是鼓勵人們來省錢的，因此它們會對經濟產生不良的影響。

省的錢太多並不會給經濟帶來不良的影響，除了那些把錢藏起來的守財奴。把錢節省下來，然後把它們存到銀行裡，使之重新回歸投資領域，這樣做可不會阻礙經濟發展。

要是大家都不節約花錢、都不存點錢的話，那些實業商人的房子和地皮要賣給誰呢？

要是大家都不省著花錢的話，蓋好的高樓又能賣給誰呢？要是大家平常都不省錢的話，那些木材商人、水泥商人、門窗商人、安裝商人和管道商人的產品又要賣給誰呢？

要不是人們節約用錢的話，鋼琴商連一台鋼琴也賣不出去。

要不是大家平常都會省點錢，然後看哪天能存夠錢去買個液晶電視、餐具或者現代廚具的話，也許電器商人和家具商都沒生意可做了。

在現實生活中，只有那些揮霍的人才會買那些奇巧的東西。這是最實在不過的話了。揮霍的人花錢買了很多這樣的東西，但是這些東西都沒有什麼價值。

購買精巧的、昂貴的、結實的、漂亮的東西，應該是人們對自己勤儉節約的鼓勵。只有那些能拒絕今天愚蠢行為的人，才能享受明天的巨大快樂。

一個人把自己收入的一大部分存起來，等著自己想要的大件東西。不管他買的是一座房子、一輛汽車、一隻高級手錶或是花錢給孩子上學，這種作法是不會影響經濟發展的。那些左手賺錢右手花錢的人並不會為國家的繁榮、商人的利益做多大的貢獻，他們能給自己帶來的好處更是少得可憐。

眾人的繁榮是建立在個人繁榮的基礎之上的。只有當社會大眾都富有的時候，商人們或生產商們才有可能富有。要是人們都不節約用錢的話，鋼琴商會連一台鋼琴都賣不出去。

因此，可以說，一個地方商人是否富裕，應該要由當地百姓是否勤儉節約所決定的。只有當一個地方大多數的人都開始省錢的時候，該地區的商人們才能享受經濟的繁榮，並且獲得巨大的利潤。

人們把省下來的錢存入銀行，然後生產商們或者商人向銀行貸款，把貸來的錢用於擴大生產。生產出更多的產品，不論生產的是洗衣機、小汽車還是原料，生產商們都要雇用更多的工作力，然後有很大一部分錢都是以薪資和薪水的形式重新投資到地方群眾的手中。

這樣，社會的財富就增加了，人們就會有更多的錢去購買商品，也會有更多的錢存入銀行。新存入的錢又進入下一輪的投資，從銀行手中流入農業領域，又從農業領域流入生產製造業，從製造業又流到雇員的手中，然後再反覆循環。

盡量地省錢是邁向繁榮富裕的唯一道路。要是每個人都能將賺來的錢省下一

半的話，那麼我們的國家就會比現在富強得多。我們要讓所有人都意識到，只有每個人都勤儉節約，全國的人才能享受真正的富裕。

個人的富裕是和他人的富裕息息相關的，只有當我們的鄰居們都變得富裕的時候，我們才可能享受真正的富裕。

幾年前，美國銀行接受的個人存款只有一百億美元左右，但是現在這個數字已經超過了一千億。有些人把自己的錢全部節省起來了。

不管是個人還是企業，都把結餘的錢存入銀行。然後銀行又把這些錢投入投資，這樣就可以促進國家的發展。銀行有時候經由農產抵押把錢貸給農場主，等農場主節省下足夠錢的時候，他們就可以把抵押的東西贖回來。然後，他們就可以存更多的錢了、就可以蓋新房子或新廠房、就可以買新的拖拉機或汽車。這樣一來，農場主的富裕，帶動了建材商人、農機商人、製造商和汽車廠家的發展和富裕。

省錢，而不是把每天的收入花得一乾二淨，這是讓每個人走向富裕之路的唯一途徑。只有大家都加入勤儉節約的團隊，我們才有能力修建鐵路、大廈、學校和醫院。要是整個社會裡都沒有節約用錢的話，那麼我們今天也只能像千百年前那樣，住帳篷、穿皮革。

如果有人告訴你說應該把所賺來的錢全數花掉，否則你就是經濟發展的罪人，你一定要提防這種人。如果有一天所有的人都學會在生活得很好的同時還能省下數目可觀的一筆錢的時候，我們就離真正、永恆的繁榮不遠了。

繁榮的意思就是：錢花了以後，被用來投資，投資以後，這些錢又能讓其他人花掉。

要是我們想給國家帶來真正的繁榮的話，我們就應該省著花錢，而且是越省越好。我們省的錢多了，我們得到的繁榮也更多了。

如果我們每個人都厲行節約的話，將來我們就可以充分享受物質生活。這樣我們每個人才會感到幸福、舒適和滿足。

不會節儉，我們永遠就不會過好日子；不節約更多的錢，我們永遠也不會過著更好的日子。

當節約成為一種習慣的時候，這種習慣就會給你帶來樂趣。不積小流，無以成江海。

第19課 要有勇氣，更要懂得謹慎

「要累積一定的財富，你就得付出大量的勇氣和謹慎，但是在你獲得財富之後要想繼續擁有它，你付出的要比原先多出百倍。」

——愛默生（Emerson）

「錢可以為我所用，也可以奴役我們。這正是錢的神奇所在。」

——賀瑞斯（Horace）

一切的罪惡來自於誘惑，只有清除誘惑或減小誘惑，才能消除罪惡。

在過去的幾年中，我們國家享受到了前所未有的繁榮，每個人手中都有錢。幾乎每個人都買了鑽石或高級皮毛或小汽車，或者三者都買了。那些還沒有這些東西的人也想要買，因為身邊的人都有。

那些沒有能力、沒有機會賺大錢的人，也會千方百計去買身邊人人都有的物質享受，或者用不正當的手段去獲取。如今的時代精神催生了不誠實現象。我們之中可能有些人身上的罪惡不會低於那些犯罪份子。因為正是我們的行為，刺激了他們的犯罪行為。

在那些缺乏判斷力或不幸的人面前炫耀自己奢侈的衣服、鑽石和自己喜歡的東西，會激起他們擁有這些東西的欲望。

這些人最後往往是經由犯罪行為攫取這些奢侈品。好多搶劫案或謀殺案都是因為有人在公共場合顯示出自己很有錢或炫耀值錢的東西引起的。甚至還有人在沒有任何保護措施的情況下，帶著千百萬美元的財物到處跑。

最近有一個百萬富翁死了。在檢查他的遺產的時候發現，他妻子每天都帶著至少二十五萬美元的現金和更多債券到處跑。她將裝著鉅額財物的包包隨便亂放，拎著上火車、丟在行李廂裡面，絲毫不管可能會有小偷釘上了這個包包。

當人們發現偷東西變得很容易的時候，他們就會變本加厲地偷竊。這本來就是人的本性。而有些成為竊賊的人，如果不是受到那些誘惑的話，可能根本就不會走上這條路。讓竊賊們偷不到什麼值錢的東西，就是減少盜竊行為的最好方法。如果那些小偷發現他們一次只能偷到幾十美分、幾美元的時候，他們自然就會意識到賺錢比偷錢來的更有錢。

如果搶劫犯們隨便在街上搶一個人就能得到幾百美元的事情不再發生的話，

那些劫犯就不會那麼執迷於搶劫了。漸漸地，他的道德感就會戰勝罪惡的誘惑。

最近，在從派對回家的路上，有十一個人共同討論了這個話題。他們發現，除了他們開的兩輛車，他們身上的現金和其他財物，如衣服、珠寶和其他東西，其價值總額居然高達六萬八千美元。在這樣一個參加小型聚會的十一人小組，居然就攜帶了九千六百五十七美元的現金。更何況他們參加這個派對根本就不需要帶錢去消費。

無可否認的是，近些年來，有些人的確是很財迷。他們賺了很多錢，但是他們最大的樂趣就是向別人炫耀自己的財富，他們第二大的樂趣就是花錢。

要是在幾年前，這種低俗的炫耀方式早就受到世人的唾棄了。要是以前有誰像今天的人那樣，身上帶著一大筆錢的話，人們一般都會覺得這個人是個騙子。因為對一個正常的人來說，要去參加一個正常的商業活動或娛樂活動的話，根本就沒必要帶著幾千美元的錢。

我們國家到處都有銀行。你在一個城市裡存的錢，在另一個城市購物或花費的時候也可以隨意地取錢。要是在一九二一年，有人告訴我們，我們國家有十億美元的現金沒有存入銀行的話，人們肯定都要嚇呆了。自從透露這一消息後，許多人都把錢存到銀行去了，這樣好大一部分錢就有了安全保障，不用怕被小偷偷了。

第20課 把你的錢存起來

「我們該做的不是看著遠處遙不可及的渺茫希望，而是抓住身邊的切實東西。」

——卡萊爾（Carlyle）

「當我告誡你不要走必敗之路的時候，我就是告訴你不要揮霍奢侈。」

——賀瑞斯（Horace）

有一個很揮霍的婦女透露說，在她家裡，藏著七張一百美元的支票。她的丈夫和兒子都是做生意的，他們都向銀行貸款。這個婦女可能沒有想到過，把她的這些票據存到銀行裡，銀行就可以為她提供五千美元的信貸。這樣就可以大大減輕她丈夫和兒子的信貸負擔。

有一個工人因為私藏了三千一百美元的票據而丟了他的工作。因為在淡季的時候，他的老闆沒能從銀行裡貸出足夠的錢支付他們的薪資。要是他把這筆錢存入銀行，他自己不僅不會丟掉工作，銀行每個月還能給他八美元的複利。

上述的女人和這個工人手中的錢，不存到銀行裡的話，並不會給自己帶來什麼好處。事實上，除了他們以外，還有千千萬萬的人都做著同樣的傻事。

投資中的現金平均給每個人是四十美元。要是每一個人身上都帶著四十美元的現金的話，我們國家就沒有錢來做生意了，我們國家的三萬家銀行裡也不會剩下一分現金了，每一個商人的收銀台裡也不會有一分錢了。

那樣的話，所有的商業都要關門大吉了，我們的聯邦政府、州政府、市政府和所有的公司企業也都會垮台。

要是每個人口袋裡或者家裡都藏著四十美元現金的話，這種情況就有可能會發生。更有甚者，有些人身上還留著幾百幾千美元的現金而不花。這樣做的後果就是在損害國家利益的同時，更損害了自己的利益。

最近逮住了一個騙子，從他那兒搜出了十四萬美元的錢。這些都是他從別人的口袋裡騙過來的。要是大家都把自己的錢存到銀行裡的話，騙子要下手也就困難多了。

要是我們都把錢存起來，那麼搶劫犯們不是會餓死，就是得自食其力去工作。這樣，國家的經濟就會更繁榮了，我們存在銀行裡的錢也會給我們帶來利息收益。而我們什麼時候需要錢花的時候，可以隨時從銀行裡把錢取出來。

在一個大型購物廣場裡，有一個女人失手掉下一千二百美元現金，好多人幫她撿錢，但後來她發現只找回了八百四十美元的錢。若是她把錢存在銀行裡，頂多丟的是信用卡，她一分錢都不會損失。

找出你藏在食品罐裡、床墊下面、地毯下面和口袋裡的錢，到銀行裡開一個新的存款帳戶，或是存到你原先的戶頭裡去，然後你就可以坐等利息了。

第21課 不要過度的消費

「財富在某種程度上是世上最受人尊重的東西，也是世上最有威力的東西。」

在過去的幾年中，許多人都賺了很多錢，許多人都致富了。

在一九一四年以前只有一套衣服的人，現在都住在自己的房子，開上自己的小車了。這些人中，許多人都是靠自己雙手工作致富的。

在戰爭期間，許多人都發了財，成為了百萬富翁，同時，全國的人也從相對的貧困達到了相對的獨立。在過去的五年中，有些人收入頗為可觀，但是他們還是覺得月底的收入不足以填補月初的消費。這些人都是一群過度消費的人。

過度消費讓我們無時無刻都覺得很不安。因此我們美其名曰「生產不足」。

但是過度消費在本質上是對工作力的過度消耗。我們無權要求用幾個人生產東西來滿足我們所有人的要求。我們每個人能提供的勞力都是一定的，因此每個人只有權享受自己付出的那一部分勞力。

只有我們生產的東西比我們消費的東西多的時候，這個世界、這個國家，甚至我們每一個人才能變得更加富裕。

如果我們國家有一大半的成年人生產的東西少於他們所消耗的話，國家就會變得越來越富裕。然後那些所謂的過度消費或者生產不足的種種抱怨，也會自然而然地銷聲匿跡。

真正的富有就包含在科比特（Cobbett）的這一句話裡：「與其說一個人獲得獨立是因為他賺得多，不如說是因為他需要的東西比較少。」

第22課 揮霍浪費的人沒有立足之地

「工業可以給我們帶來最美好的果實和最豐盛的收穫。」

——巴羅（Barrow）

「人們對錢的輕視比對錢的需要嚴重得多。」

——李赫特（Richter）

很不幸的是，我們賺的錢越多，我們省下來的部分就越少。看來，真的是要遭受一定的教訓以後，我們才會認識到勤儉節約的重要性。

美國人很少認真地學習如何勤儉節約。有些人認為，從每週的薪水裡面省下五塊十塊的錢，或是從每年的收入裡面省下百分之十、百分之二十的錢，就說明他們是勤儉節約的人了。

事實並非如此。節約並不是說每週留下多少錢。最近，美國節儉委員會主席斯特拉斯（S. W. Straus）給勤儉節約下了一個十分明確易懂的定義，那就是：「每星期結餘一點錢並不說明這個人很節儉。節儉指的並不僅僅是金錢方面的事情。

它指的是個人的效率，它指的是長遠的目光，它指的是辦事審慎，它指的是合理正當的自制力，它指的是形成你良好品質的每一個方面。它一方面幫你遠離不幸，同時還勸導你遠離奢靡。當我們內心深處有了節約的念頭的時候，我們就形成了良好的個人品質了。」

幾個月前，一個著名的成功人士說，要是我們人人在花錢的時候都和賺錢的時候一樣精明的話，那麼我們花比現在更少的錢就能過上比現在更好的日子。他說他的成功源於有一天，他突然決定要盡可能地花更少的錢過更好的日子。他發現這一點是切實可行的，而現在，他已經成為鉅富了。他的成功之路是完全正確的，而且我們人人都能做到這一點。

還有一個成功人士，當年他開創自己事業的時候，他的收入是現在最低收入的一半。他說：「當今世界最需要的是肯幹和節儉。不僅是體力工作者要做到這兩點，那些收入很高的人也得時刻銘記這兩點。那些無所事事的人在今天的美國是沒有立足之地的。」

這個人就是查理．史瓦伯 (Charles M. Schwab)。

科瑞恩（Reverend Frank Crane）在報紙的文章裡引用史瓦伯的話說：「史瓦伯先生還說到，在美國也沒有揮霍浪費者的立足之地，不論這個人是貧是富。」

在過去的幾年中，種種揮霍現象最主要是是由富足引起的。那些過去想要東西卻買不起的人今天終於有錢了，於是他們就瘋狂地購買自己想要的東西。他們不經思考地亂花錢，得到了他們長久以來一直想要的東西，但是這些東西往往令他們失望。

有些人家裡房間很小，但卻堆滿了各種裝飾家具、樂器和小古董，然後生活空間就變得更小了。為了滿足自己的願望，家裡的每個人都去買自己想要的東西，而現在，有一半以上的東西都是沒用的，還堵住家裡的走道。

第23課 學會管理自己的財產

「小心翼翼的經歷並不會讓一個人變得勇敢。」

——比林斯（Josh Billings）

我們每一個人都是赤裸裸、身無長物地來到這個世界。要是把一天出生的所有嬰兒都放在一起的話，他們之間是不會有差別的。

一個富貴家族的孩子也不會比一個乞丐的孩子好。但是，前者一出生就享有巨大的財富，而後者只有一襲貼身的白布。但是，這些東西都是孩子的父母給予孩子的。富有的父母可以給孩子財富，貧窮的父母只能買得起白布。

但是，無論這個孩子一生是在富裕還是貧困中度過，在他們死去時，是躺在舒適的房子裡還是在野外，都完全取決於他們如何貫徹下面這句至理名言的：「人的需要是十分有限的，但人的欲望是無窮無盡的。」

不管是窮人還是富人，他們都要做同一件事情：管理自己的財產。有錢人可能要管理大片的土地、房產和收入；貧窮的人只要管好自己身上穿的衣服和一天的收入。但是，他們要面對的問題都是一樣的。在這一點上，他們的差距還沒有沙子和穀子的重量來得大。

有效的管理對兩者來說都是必要的。有效的管理會讓你不斷地發展。有效的管理會給窮人帶來財富，而失敗的管理則會讓百萬富翁陷入貧窮。

有效的管理意味著要把一個成功的企業管理自己進出帳目的方法，同樣運用到管理自己的私人財產上去。

企業要想方法減少自己的操作成本。對一個企業來說，省下一分一毫的錢都不是小事情。所有的節儉行為都是有必要的；因為平常看來很小的浪費，一年省下來也是很大的一筆錢。從企業的收入裡面減去支出，剩下的就是利潤了。

但是，不要以為企業一年的利潤全是歸老闆所得。一部分利潤要留起來，叫作償債基金。這部分預留的錢是供特殊情況下使用的，比如說用來擴大企業的規模。這樣，以後的收入就會越來越多。

在付清支出，預留出償債基金後，剩下的利潤才是老闆自己的錢了，他們可以按照自己的意願來花了。你是不是這樣管理你的收入呢？

你是不是像一個企業管理其收入那樣管理你的私人財產呢？

你在花錢、過日子的時候有沒有找出自己浪費的地方並且改正過來呢？

你是不是先買必要的東西，然後留下一部分償債基金，最後才買自己想要的東西和生活中可有可無的東西？

有時候，一個企業在付完所有的開支後，全部的錢都要用於累積償債基金。有時候，企業的收入並不足以應付支出、償債基金和老闆的消費，而只能滿足前兩者的需求。

當這種情況發生的時候，一個不願倒退的企業是不會減少償債基金的累積的，而且，除非是為了挽救企業，它的決策者也不會從償債基金裡面預支一部分錢來花。

累積一定的償債基金或預留基金是企業首先要做的事情，是每個人有效管理企業或個人財產中的第一件大事。償債基金的重要性僅次於必要的支出。我們絕不能把累積償債基金放在購買想要的東西之後，如：

（1）必要支出。

（2）購買想要的東西。

（3）償債基金。

聰明的讀者們，不管你是什麼身分的人，千萬不要顛倒這三件事情的重要性。任何一個明智的有經驗的商人都會告訴你，償債基金的累積僅次於必需品的支出。

他們從來不會想要去觸犯這條真理，因為他們絕對不會逆流而上，把償債基金排在第三位。

把你的家當成一個企業來管理。要是你是孤家寡人，沒有什麼家用需要你管理的話，那就把自己的事當成一個公司的事罷，然後像敬業的商人們那樣管理自己的收支。

父母子女們都成為家庭這個小企業中的一份子，然後用管理企業的方法管理自己的家產。家庭的繁榮富裕和企業的成功是一個道理——堅持正確的道路，不要另尋他法。

「大自然的法則告訴我們：做了一件事情，你就會有一些收穫，不做，什麼也得不到。」

「要有存夠十萬英鎊的雄心。」

「聽取我的意見，你會有所收穫的；如果願意聽的話，即使最後你不接受我的意見，也不會有特別壞的感覺。

（1）當你想要買新衣服的時候，請看看你的舊衣服，看它們還能不能再穿一年。

（2）當你想要買中國瓷器、印度棉布、印度絲綢或其他脆弱的東西的時候，我也不會強迫你不要買。但是我建議你可以推遲一年再買，這樣，或許能夠避免日後後悔。」

這些都是班傑明・富蘭克林（Benjamin Franklin）說的話。

他還說：「財富並不是歸擁有財富的人所有，而是歸享受財富的人所有。」

第24課 浪費是最大的犯罪

「當人們面對命運和未來的時候是多麼盲目啊，當人們面對繁榮的時候是多麼得意忘形啊。」

——奧維德（Ovid）

「播種的時候，應該一小把一小把地下種，而不是整袋子的種子一下子全倒了。」

——希臘諺語

美國可以算是「浪費的天堂」了。我們最大的犯罪行為就是浪費。浪費是一種犯罪，因為你拋棄的一個東西很可能用來救一條命。既然你浪費了，那麼你就得為死去的人負責。美國生產出來的東西，大約只有一半是真正充分使用的，而另一半則是濫用或者浪費掉了。這一點，說來你可能還不信。

我們浪費掉的不僅僅是那些垃圾堆裡的東西。在原材料生產階段，我們發現在天地裡、在森林裡、在礦井上，浪費現象處處可見。在原材料運往加工廠和加工的各個過程中，也都有浪費現象。在輸出商品時，把商品運到各個批發商手中的過程中，也有浪費。甚至在零售和送貨的過程中，都存在浪費的現象。最後浪費的，是那些消費者。

有些消費者買的東西，都是他們實際上不需要或根本用不上的。這樣一方面浪費了他自己的錢，另一方面工廠又要重新生產東西，以彌補被他浪費掉的那一部分。

我們生活的每一個角落都充斥著浪費的現象，下面是一些耳熟能詳的例子：

(1)車庫裡有十四輛小汽車，其中有兩輛一年都沒有開出去過一次——浪費！

一個工人開著他三千美元的車上班，在暴風雪中翻車了，車子由內到外壞掉了——浪費！

(2)聯邦政府、州政府、市政府、製造商還有各種機構印製了無數的宣傳手冊，但是從來沒有拿出去發過——浪費！

(3)某大城市的一個商場，要發薪資給八十個基本沒發揮什麼作用的雇員——浪費！

(4)歐洲的食品比我們國家便宜得多，原因也在於我們自己的——浪費！有人把喝過的玻璃瓶丟在公路上，瓶子碎了，刺破了來往車輛的輪胎。這個丟瓶子的人是有責任的——浪費！

(5)舊報紙、舊雜誌燒掉，而沒有回收利用的行為是不可饒恕的——浪費！大多數大城市的垃圾場堆滿了可以重複使用的瓶子和易開罐。這些都是有意的浪費！任家裡、工廠裡或其他建築裡的下水管、支架或其他金屬製品因為沒有油漆而鏽跡斑斑，這是最常見的——浪費！旅館、辦公室、商店、工廠或家裡的燈在不需要的時候還開著，這是對能源的浪費！

(6)不用水的時候卻把水龍頭開著，這在有的地方算是犯罪行為，但在所有的地方都是一種——浪費！

把舊木材、盒子、鐵軌木枕燒了取暖，這是最沒有良心的浪費！明知道紙張短缺，卻任由商店使用包裝紙——浪費！明知道煤礦短缺，垃圾桶裡面卻有煤渣——浪費！明知道有些窮人正在受凍，但你的衣櫃裡卻塞得滿滿的——浪費！

(7)對勤儉節約最本質的涵義是「杜絕——浪費」。

要是所有人都把浪費掉的錢存到銀行裡去的話，大家都很快就能獲得經濟上的獨立了。

第25課 養成勤儉節約的美德

歷覽前賢國與家，成由勤儉敗由奢。

——中國名言

勤儉吧，賀瑞斯，勤儉吧！

——莎士比亞

所有的財富均來自耕耘。

——亞當·史密斯

「作為一個不斷發展、人口不斷壯大的國家，美國越來越強烈地反對無謂的浪費。」我們的祖先們都是從舊世界來到這片土地上的。那是一個憎恨浪費的世界。

熟悉歐洲人家庭生活的人會發現，歐洲人準備的食物都是剛好夠吃就可以了。只要有一點剩飯剩菜，他們都會留下來，以後熱了再吃。他們在使用能源的時候十分節約，租房子都盡量找最便宜的，女主人對每一份家庭支出都精打細算。要是誰花的錢多了，讓家庭支出超過了預期，那個人就會感到特別內疚。他們瞭解節約的重要性，知道怎樣厲行節約，並且這種知識從母親那兒傳給女兒，這樣一代代傳下來。

當女兒來到美國建立自己的家庭的時候，她已經充分掌握了節約的祕訣。只要她繼續厲行節約，她就肯定可以給她的丈夫、她的家庭帶來繁榮。越來越多的人意識到，舊世界節約的好習慣加上新世界的機遇和富足，必然會給人帶來財富。

積極向上、勤儉節約的人深知浪費和炫耀是錯誤的、是虛無的。

他從身邊的例子就可以學到這一點。美國人開始明白，省錢遠沒有賺錢容易。二十年前，一個美國的家庭主婦可以毫不猶豫地把夠一家五口吃上一頓的食物扔掉。但是，現在經由學習，她們發現，她們已經為了浪費和炫耀損失了好幾千美元的金錢了。同時她們還發現，在那些富裕的家庭裡，從來就不會出現浪費和炫耀的現象。

只有窮人才會浪費——我們所說的窮人是指那些不能讓自己和家人每天都過上富足生活的人。只有那些身無分文的人才瞧不起一分錢，才蔑視細處的節約，才鄙視勤儉的生活方式。

和這些蠢不可及的人恰恰相反的是那些鄙視浪費、事業成功的富人。他們認為每一分錢、每一度電對自己的錢包來說都是很重要的，他們絕不會讓錢白白流入別人的口袋。

這些富人們都意識到，所有的東西，不論是一個冰冷的水煮馬鈴薯，還是地板上的一根別針，都應該節約起來以備下次再用。

為了買到一個稍微便宜一點的東西，他們可能寧肯走上更遠的路程。反倒是那些富人能教會窮人們好多節約的道理。反倒是那些富人家的妻子會用一些極為普通的材料打扮自己、打扮孩子，而這些材料要放在窮人家，或許早就當作沒用的東西扔掉了。

沒有人會故意把美元硬幣丟在路上，但是為什麼有人經由浪費食物、浪費衣服而丟掉大把的錢呢？這是很簡單的常識，但這種常識卻是富人「運氣」的泉源。對那些真心想要發達致富的人來說，這是人人都知道的常識。

停止浪費吧！不管是個人的浪費還是家庭的浪費。學習點生活的技巧，這種技巧和管理一家大商場的財政如出一轍。

如果你花的是能買到一磅的錢，就不要滿足於十四盎司的重量。等到價錢低的時候再去買那些必需品，要買就一次買齊，讓你在價格高的時候也夠用。當然，這只是就不會變質的東西而言。但是在物價上漲的春季到來之前，一個合格的持家人就知道要儲存一些容易變質的東西，如雞蛋、奶油。

在我們國家，居家生活的浪費是最為嚴重的。美國每天丟掉的食品足以養活歐洲一半挨餓的人。做生意應該瞭解節約並厲行節約。即使是在很小的細節上，他們都會關注如何節約最小的尾數，比如給他們的雇員分發鉛筆，或者安裝一個燈泡。

「如果每個美國人每天都能節約一分錢的話，節省下來的總額就會高達每天一千萬美元，或者每年三十六億五千萬美元。這比我們國家投資中的貨幣總額還多。

按著下面說的試行一個月吧，每天都少用一點東西，節省一角錢。比如說你可以買一塊便宜一點的肉，或者平常你都是僱人為你工作，現在不妨試著自己做做看。

一天節約一角錢，那麼一個男人一年四季需要的衣服就有著落了。

一天節約一角錢，那麼一個女人這年冬天的新款大衣就有著落了。

一天節約一角錢，直到孩子到了上學的年齡，就可以存下足夠的錢供孩子上學了。

下定決心好好安排自己的事情，讓工作成為自己的樂趣，讓開銷減少一點兒，讓賺錢的激情增加點。這樣堅持下去，我們自己就會得到更多的時間、更多的樂趣、更多的錢。

第26課 浪費透露出人的淺薄

「浪費不能表現高貴，相反，它透露出人的淺薄。」

「什麼事上都要留一筆的人是不可原諒的小氣鬼，但任何事上都省不下來的人是無可救藥的瘋子。正確的作法是節省下那些不是很必要的東西，然後用更多的錢去購買最需要的東西。」

——哈利・法克斯（Hali fax）

一個幽默的愛爾蘭女僕說：「經由看垃圾箱就可以看出我們家的女主人是不是淑女。」她又說道：「她來自一個古老的家族。他們家的剩菜剩飯都要留起來。他們從來都不會亂丟一片麵包。而且，你永遠也不會看到一個真正淑女會把舊家具丟掉，然後從商店裡買最新款式的桌子椅子。」

但是從前一貧如洗的女人，會認為像掃落葉那樣隨意地把錢丟掉沒有什麼不對的。她認為那才是貴族生活的表現。她並不知道，她的浪費和奢侈只代表一個信號：她的無知、沒品味和裝腔作勢。她的所作所為恰恰讓人們認為，她不是一個貴族。」

這個愛爾蘭女孩說的是一家僱得起僕人的家庭。她並不知道，那些真正的窮人和那些沒有什麼能力的人甚至比暴發戶更浪費、更喜歡炫耀。這些人認為，管理家庭收支和個人收入的時候勤儉節約是貧窮的表現。他們很愚蠢地認為，要想成為紳士或者淑女，他們就得花錢花得大方。他們認為節約是很羞恥的事情。

但是對那些富人來說，「節約是花時間、花錢買必需品的最明智的作法，在買完之後，節約即是充分發揮這些必需品在我們生活中的作用」。這些關乎社會經歷和教養的問題——不是在學校教室裡學來的，而是從和身邊人的交往中學到的。「對有些人來說，改變他們的觀點是讓他們勤儉節約的最關鍵的步驟。」

一位家庭生活顧問說道：改變一個人的觀點，那麼這個人就會用原先賺來的幾百美元錢購買食物、衣服、住屋以外的東西，會讓一個人更受身邊的人尊重。

仔細審查一下自己的觀點。就像你看待鄰居的觀點那樣，批判地看待自己的觀點。你是否有節約的常識？你的節約意識是否和那些富有了好幾代的家庭一樣堅定？如果是的話，恭喜你，你已經找到了從生活中獲取自己想要的東西的方法。

理智告訴我們應該養成節約的好習慣。我們每個人和我們的國家都需要真誠的、切實的、可行的節約行為。這種養成好習慣的呼聲從來沒有像現在這樣高過，這種節約的要求也從來沒有像現在這樣迫切過。

第27課 最有價值的財富來源

「我們節省下來的錢讓我們的未來有所保障，而非賺來的錢。」

「人一出生就得為將來做打算。」

——詹森（Johnson）

「讓錢奴役人是可怕之極的，但是讓人驅使錢卻是再好不過的。」

——巴納姆（P. T. Barnum）

「那些最難得到的東西會保存得最久，因此，那些靠自己雙手賺錢的人會比

靠遺產生活的人更珍惜自己的財產。」如果在你眼中，所有的錢都是一樣的話，你就得好好鍛鍊自己辨別錢的價值的眼光了。

一般來說，投資中的錢有四種：白得的錢，垂手可得的錢，努力賺來的錢和節省下來的錢。在這四種錢中，節省下來的錢是最有價值的。節約下來的的每一美元都比白得的錢和垂手可得的錢值錢。而且它也比努力賺來的錢有價值。

為什麼說節約下來的錢比其他的錢有價值呢？因為這種錢要伴隨你更長的時間。因為你和它的關係更為密切。就比如說朋友吧，如果是一個普通的朋友離你而去，你可能並不會太在意，但是如果你失去的是一個特別親密的朋友，你會感到特別傷心。那是因為你已經知道了這個朋友是特別珍貴的。而失去朋友只是你人生經歷中的一件事情而已。

白得的錢有很多，這些都是長著翅膀的錢，比麻雀還不安穩。它們是那種來的快去的更快的錢。「得來全不費工夫」是對它們最好的概括。這種錢流逝得飛快，一點兒也不穩定。垂手可得的錢和白得的錢一樣不穩定。對金融家來說，得到錢容易，但是讓他們認識到自己的錢是多麼地不穩定卻不容易。

辛苦賺來的錢不會像垂手可得的錢那樣流逝得飛快。它消耗的速度取決於賺錢的時候辛苦的程度。節省下來的錢才是留得住的錢。它不是不安穩的麻雀，而是勤懇的蜜蜂。

在你賺錢、存錢的時候，節省下來的錢正不聲不響地為你創造利益。可用性、安全性是這種錢最本質的特徵。

你可能會說這種形容有點誇大其詞。當然這只是形容，但是絕不誇大。這字字都是生活的真理，千萬別讓別人給蒙蔽了。錢是有三六九等的，不同的錢能待在我們身邊的時間不同，它們的價值也是不同的。好比你買蘋果的時候，你會問哪種蘋果可以放得久一點，你會問它們是不是「適合存放的」。

但是在錢的問題上，你為什麼不堅持同樣的標準呢？當然，決定權在你手上。只要你有心，你選擇哪種錢都可以。你自己可以賦予它們保存的價值，這樣，這種錢就和其他錢沒什麼兩樣了。

如果你像家庭主婦醃鹹肉一樣把錢存到銀行裡，這樣就可以存放得更久。同時，你的作法也改變了錢的屬性，讓錢保持投資，並從中獲得最大的利益。

第28課 該省則省，該花就花

「如果我有辦法讓你注意到你以前從來沒有注意過的東西，我一定會付諸實踐的。」

「管理個人事物的智慧和管理一個國家的智慧是相同的。」

「要是我發現在做某一件事情的時候，有該省而沒有省的情況發生，我會感到特別難過。」

——亨利．羅傑斯（Henry H. Rogers）

要對「奢侈」進行定義是完全沒有必要的。隨便找兩個人，他們對這個詞的涵義都會有不同的理解。有些東西對一個人來說或許是奢侈，但是對另外一個人來說，或許就是必需品了。

比如說：對一個鐵道工程師來說，一隻價值一百美元的手錶並不算奢侈品。因為不管是對他自己而言，還是對鐵路周邊的行人來說，他手錶的準確和精確都是關乎生命安全的。

但是對從事其他行業的人來說，一隻便宜一點的手錶也同樣夠用。因此如果他們願意花一百美元去買手錶的話，那就是蠢到家了，就算這些人的收入和那位工程師的收入是一樣的也不行。

穿著也是同樣的道理。對推銷員或者是要經常與人打交道的人來說，有必要把自己打扮得很得體、很時尚、很整齊，雖然說這樣打扮可能會花去他不少的錢。因為他們的外表也是他們的資本。要是他們不注重外表的打扮，那倒可能是種很浪費的行為，其後果是他們承受不起的。但是對一個書記員，或者是做那些不常與人打交道的職業的人，就不應該花太多的錢在衣著打扮上。

對一個跳棋大師、機械製造師或者建築師來說，花五十美元去買一本專業書籍根本不是奢侈，但是買一套五十美元的工作服卻是不太有必要的。

經由討論「什麼是奢侈」我們可以發現，這個話題的答案就像諸如「要是華盛頓（George Washington）活到今天的話，他會怎麼做？」和「是誰挑起了戰爭？」此類的問題一樣，都是很有爭議的。

一些對我們舒適、健康、正事的發展沒有作用的東西都是奢侈的。而「正事」這個詞的涵義是非常廣泛的。

對男人來說，他們的正事就是賺錢、尊重他人、每天奮鬥。他們的正事還包括培養友誼、養成習慣和為自己和家人的未來打算。

對女人來說，她們的正事就是愛情、婚姻、在女人圈裡的地位、家人的幸福和相夫教子。

一個人的「正事」就是這個人的本分和本職工作。

如果你是一個交際花，那你的正事就是打扮得漂漂亮亮的參加派對；如果你是一名忙碌的鐵匠，你的正事就是從早忙到晚，鍛鍊出一身的肌肉，毫不費力地把一根鐵棍折彎。

我打破了你原先對必需品的一切認識，然後幫助你認識到什麼才是你必須有的，而什麼只是你想要的東西。

試著用「什麼是奢侈」的標準檢驗一下你的房子、你的生活方式、你的習慣和你的家。然後把那些不必要的東西大刀闊斧地裁掉。你在不必要的東西上每花一美元，而就此損失了兩美元的錢，事實如此！

正如一句老話說的：「節省一分錢和花掉一分錢之間，實際相差兩分錢。」

以撒・牛頓 (Isaac Newton) 先生曾經很謙虛地說過，他僅有的天賦就是全身心地關注某一件事情，直到能看透這件事。只要我們有心去做的話，我們大多數人也可以培養這種才能。

第29課 時間比金錢更寶貴

「不要沉迷於過去，也不要幻想未來，要抓住今朝。」

「你前面的每一天都很珍貴，已經逝去的時光都是不再的。」

「時光的流逝對日月星辰來說不算什麼，美元的價值對非洲酋長來說也不算什麼。但是，對每一個現代人來說，時間和財富就意味著一切——時間創造財富。」

——阿農（Anon）

金箔很值錢，但是時間比它更值錢。有誰會每天從口袋裡掏出一把金箔，然

後隨便丟掉？但是，我們每天都把更寶貴的時間白白消耗掉。更糟糕的是，丟掉的金箔你或許還可以撿起來再用，但是逝去的時間卻永遠都要不回來的。

一個早上很快就過去了，但是如果你能充分利用這段時間的話，就是從時間的河流裡面擷取了一些有價值的東西。這好比你從流水中抓住了鮭魚。

我們早已習慣於把一半的時光隨便浪費掉，因此現在我們根本就沒有意識到我們在浪費時間。我們去哪、做什麼都心不在焉，因為我們這樣做只是為了消磨時間。這些寶貴的時間，每一個小時的休息、娛樂、思考和學習都能給我們帶來巨大的回報。但是，這樣的時間我們卻白白浪費掉了。

商人們做生意的時候，有十分之一的時間是浪費掉的，而他們大多數人卻沒有節省十分之一的收入的習慣，因此，他們每天浪費掉的比他們能節省起來的還多。

撿起一枚別針或是省下一截繩子，都不算真正的節省。浪費時間是最愚蠢的行為，因為如果能充分利用那段時間的話，我們可以給自己帶來很多收穫。不要在別針或繩子上斤斤計較了，試著每天利用半個小時的時間。然後用這半小時的時間做你能做的事情。

你可以思考、計畫或者更好地安排你的事業。每天每個小時都不要浪費，要及時從時間的長河中抓住一些有價值的東西。

愛迪生（Thomas Edison）講過一個關於他自己的故事。他說他經常在實驗室裡面吃飯，這樣他就可以把去餐廳吃飯的時間節省下來。然後，全心地投入試驗的關鍵階段中去。他睡覺的時間是在辦公桌旁的一個小摺疊床上將就度過的，這樣不僅不會從正在做的試驗上分心，還可以把所有珍貴的時間都投入到思考中去。他浪費不起時間，因為對天才的他來說，時間對他、對這個世界來說，都是最寶貴的東西。

你在本職工作以外的時間裡都做些什麼事呢？查理．史瓦伯（Charles M. Schwab）把這個時間花在學習工程知識上，而不是在鄉下小店裡等待客人的光臨。

詹姆士．希爾（James J. Hill）白天在一家密西西比河的蒸汽輪船公司的運輸部門當辦事員，晚上則埋頭苦讀有關船運和能源的書籍。他十四歲以前沒有上過學，但是十四歲以後他利用課餘時間自學完成了全部的學業。

威廉．亞當．史密斯（William Alden Smith）現在是一名國會參議員。他以前曾在一家律師事務所當小工。在當差和做清潔工作之餘，他還能利用每一分鐘時間學習法律相關知識。當他二十四歲的時候，他已經學到很多知識了，並且經由了司法考試，成功躋身律師界。

丹尼爾・威拉德（Daniel Willard）是著名鐵路公司的總裁。但從前，為了餬口，他先後在新英格蘭的一個鐵路公司擔任消防員、工程師。但是不管他走到哪裡，他座位下面都塞著一本書。這樣，每當他不用給火車加煤或者工作的時候，他就可以利用時間看書了。

尤斯金（Euskin）是一位藝術家兼作家，他的桌上擺著一塊玉，上面刻著「今朝」。這樣他就可以時刻鞭策自己，告訴自己今天的努力奮鬥，明天將有可能會給他帶來巨大的成就。

第30課 自然而然地省錢

「驕傲比實際需要更能讓人垮台。」

「對一個男人來說，有了健康、儀表、友誼、溫柔可人的妻子、清醒理智的大腦、善於表達的嘴巴外，夫復何求！」

——斯威夫特（Swift）

如果你瞭解怎麼花錢，那麼你就不用為如何省錢而操心了。因為你是自然而然地省錢。

真正的經濟之道在於學會如何花錢、何時花錢，知道何時購買，而且手中有支付要買東西的現金。把口袋裡的現金省下至少百分之五，然後在想買某個商品的時候就有錢支付了。

這一點，我們人人都能做到。我們買的商品有可能是燃料、食品、服飾，也有可能是不動產。每年總有那麼一個時間，這些商品的價格會降到最低。如果在這個時候出手購買，將可以幫你。

你可以比較一下，一年最低的麵粉價格和你家平時購買的麵粉的價格；你可以比較一下，夏初的燃煤價格和十二月份的價格，你也可以比較一下，二月份的大衣價格和來年九月的價格。

在購買家具或買房子的時候，如果能採取一定的策略，也能為你省下許多錢。住在那些對自己而言太大或太昂貴的房子裡，這種錯誤顯然人人都會犯。但是，因為犯了這種愚蠢的錯誤，有五分之三的家庭陷入了困境。

有房子和有家是兩個不同的概念。擁有一個十個房間的房子，然後把絕大多數的薪資花在房子上，結果夫妻兩人天天為了無謂的炫耀而煩惱緊張。過這樣的日子，還不如住在一個兩個房間的小房子內，每天都保持著平和的心態。

總之，擁有一個小小的「家」，可以讓你銀行裡的存款不斷增加，難道這不比那些整日緊張煩惱的日子更顯得幸福嗎？

把你花在房租上的錢節省下來，一年之後你很可能就有一大筆存款了。你有沒有想過你現在花了多少錢在房租上？你是否也想過，如果不是出於炫耀的話，你租一個剛好夠住的舒適小屋要花多少錢？

其實很多時候，我們都是在花錢買「鄰居」。然而，你的鄰居並不會對你的

將來產生什麼幫助，也不會給你的錢包送錢。其實別人是否看得起你，看的是你銀行裡有多少存款，而不是你住在哪條街上。

你可以計算一下，如果單靠吃松茸喝香檳過活的話，你要吃掉多少錢才能獲得足夠的營養。你花十五美分買的麵包或奶油，其營養價值和你花十五美元買的香檳和松茸是一樣的。

這樣一想，你就會對精打細算、理性消費有更深的體會了。你可能會說：「可笑之極！誰會靠吃松茸和香檳過活啊！」的確如此，這樣過日子確實十分可笑。但是最可笑的地方在於絕大多數人都在追求他們生活中的這種「香檳和松茸」。

其實，如果他們能夠放棄追求十五美元的事物，轉而購買十五美分的物品，那麼他們不僅會獲得更多的健康，心情也會變得更愉快。可惜的是，大多數人都沒有意識到這一點。

其實，如果他們選擇的是便宜而實用的東西，他們也不用為省錢而煩惱了，因為十四萬美元的錢會自動進入你銀行的帳號，這樣，在收入不變的情況下，人們也可以開始省錢了。

「經濟之道是自有其規律的。堅持勤儉和樸素，一個家就不會垮，但是更多的收入也不一定意味著可以隨意花錢。成功的祕密不在於你有多少錢，而在於如何平衡收支。通常情況下，一個人事業成功了，他的花費也更多了。因此，更多的收入是無濟於事的。」

在芝加哥的一個社區裡面，有八十座公寓大樓分屬於不同的磨刀匠、小販、工人、鐘點工們。有兩個工人自己都是地主。有一個鐵匠除了自己住的房子外還有三處房產。還有一個理髮匠，自己擁有一座公寓。

第31課　制訂你的省錢計畫

「有時候，那些在我們看來不是教育的事物，往往比大學生涯中學到的更為實用。」

「人生分為三個組成部分：過去、現在和將來。讓我們吸取過去經驗，讓現在從中受益，讓將來生活得更好。」我們經由經歷，而且主要是經由學習他人的

經歷學會走路、閱讀和學會做生活中的其他事情的。

我們不妨問一下那些在自己人生道路上行走並且獲得了成功的人這樣一個問題：「您是如何做到這一點呢？」有錢人可能會回答說：「每個人都有機會獲得大筆的錢。但是錢來得容易去得也快。因此我們要學會如何防止它從我們的手中滑走。其中的一條捷徑就是制訂省錢的計畫並且嚴格執行計畫。

我自己的方案是我的每一筆收入都要留出一部分津貼以備花費，然後從每一筆津貼中都節省下一點點錢。我把從收入中分出一部分錢的作法定為一條死規則，把這筆錢看作是我必須償還的債務。

雖然這樣做，我可能會喪失買自己想要的東西的權利。每當要買必需品的時候，我就會自問，沒有了這樣東西我可不可以將就，這個東西對我以後的生活來說是不是物有所值。一旦你花錢買了一個東西，錢就此花掉了，而且永遠也回不來了。」

還有一個靠自己的雙手獲得成功的人在講述自己的故事，他十分親切和藹地說道：「每一個像我這樣的過來人都很願意幫助年輕人在人生的道路上少走彎路。我們把自己付出很大代價才學到的東西教給年輕人，希望年輕人能從我們跌倒的

地方爬起來。

但是這些年輕人似乎都不能理解，其實從別人那兒獲得經濟之道的經驗和從別人那兒獲得電子工程學科的經驗是一碼事。」他停頓了一會兒，又意味深長地說：「如果有人告訴一個年輕人說地球是圓的，他信。

但是，如果有人告訴一個年輕人說，這世上沒有比省錢或者把自己一部分的錢拿來投資更令人高興的事情了，他通常只是懷疑地一笑置之。那個小夥子，你說說看，為什麼你們總是自以為我說的是錯的呢，而不認為我說的是對的呢？」

那個年輕人紅著臉從聽眾裡面站了出來，猶豫地回答道：「並不是我非要這樣認為。您看，我們生活的環境不同，我只是根據自己的情況做出最好的判斷而已。對您來說可能易如反掌的事情，對我來說卻是不可能的。」

所以，您看看，世上最好的建議也是無濟於事的。我非常同意您說的省錢是有必要的，而且只要我賺大錢了我也會省錢的。但是，就目前我的收入來說，是省不下來的。我要好好地養家餬口，這都得要花錢。

那個事業成功的老人輕輕地笑了，睿智的灰色眼眸一閃一閃的。

「小夥子，你的話聽起來太耳熟了。我想同樣的話我也說過了不止一百遍。

但是後來我發現，我在你這個年齡的時候，在有你這種思想的時候，有很多東西都還要學習。

你也一樣。對那些賺下自己的房子並賺下足夠財產供家人過著舒坦生活的人來說，也都一樣。我到現在為止還天天工作，因為我喜歡工作，但是即使我明天不幹了，我賺的錢也夠我下半輩子花了。

從我開始省錢的那一天開始，我的錢就開始收益了。我妥善花錢，因此收穫頗豐。靠省下的錢投資所得，我買了漂亮的房子，買了後院車庫裡那輛新車。如果我只是埋頭工作賺錢的話，這些東西我永遠也買不起。我經由自己的雙手和腦子，獲得了可觀的薪資，但是要想買房子買奢侈品的話，光靠薪資是不夠的。所以我把錢用於投資，然後每個月都能得到一些額外的收入。」

那個年輕人插嘴說：「但是……如今的生活花費……」

「是的，如今的開銷是比以前高，」老人用堅定的聲音回答說，「你如何知道你的收入是否也以同樣比率增加呢？

實際上，你現在仍然止步不前的主要原因是你缺乏經濟後盾，而不是因為你只是領取定額的薪水。這一點你可能不太相信，除非有一天你能有一筆不斷增加的錢，你才能真正理解這一點。如果你有充分自信的話，你給老闆創造的價值和你所獲得的高額薪資之間就不可同日而語了。而這點自信，是你的經濟後盾給你帶來的。」

老人說完了，他微笑著和聽眾們揮手告別：「好了，我也知道建議是不管用的，但是我已經把自己學到有價值的東西教給你們了。這些都是我經由長期的磨礪才得到的經驗。你們可以採納它，也可以置之不理。但是我真的希望你們能聽我一言，它讓我由貧窮走向了富裕。這道理對你們同樣適用。」

第32課　不要炫耀你的財富

「每個人都需要更多的錢。如果一筆錢突然降臨到我們頭上，那是再幸運不過的了。因為這可能意味著我們向獨立又跨了一大步，這也可能意味著健康，甚至生命。一個人只有擁有不斷增加的存款，他才能挺直自己的脊梁骨。」

——阿農（Anon）

「錢可以生錢，而生出來的錢又可以生出更多的錢。」

——班傑明．富蘭克林（Benjamin Franklin）

實際上，人人都希望自己的存款能不斷增加。而許多人失敗的原因在於美國人兩大特有的失敗根源——浪費和炫耀。

如果我們國家人人都懂得我們祖先的經濟之道和舊世界的節約準則並能切實貫徹之，那麼一個普通美國家庭丟掉的東西就可以用來再養活一個家庭。

普通美國婦女拋棄掉的材料到了一個聰明的女人手中，有可能變成最時髦的衣著。至於炫耀，炫耀從來不會愚弄人，因為炫耀想要愚弄的人都能識別炫耀的花招並對其嗤之以鼻。誇耀自己付不起的東西，並不會讓人過上更好的日子。想要和鄰居攀比的心思讓許多家庭都垮了，讓許多的人在貧困中寂寞地離去。

奢侈並不能滿足人們追求舒適的夢想。我們奢侈的方法一般都是浪費或炫耀。想想看有多少錢是你本該得到的，但是卻因為浪費和炫耀而沒有得到。

有一個富人告訴他年輕的朋友他是如何成為一個富裕的獨立的公民：「在

我新婚之時，我得想方法才能勉強讓我的薪資應付得上開支。我成天為花錢而煩惱，差點都發瘋啦。因此，我無法像以前一樣把注意力集中到工作上來。每天晚上我一回家，我就開始操心怎麼付這一筆帳，怎麼付那一筆帳，連休息都顧不了。這樣一來，我每天都過得很緊張，很不開心。

「我妻子和我在各行各業都有有錢的熟人，我們為了要跟得上他們的步伐，因此住在很貴的房子裡，房租超過了我們的承受能力。我們這樣做並不是因為住在這樣的房子裡我們會感到更舒服，而是因為我們的鄰居們都是非常時尚的。我們在衣著上花的錢是我們需要的兩倍之多，我們熱情待客，因為我們需要「炫耀」。而且我們還得說服自己過得很快樂。

快樂！我並不知道快樂的生活是什麼，但是我知道自己並不享受這種生活。我試圖說服自己某個圈內人對我的事業是有幫助的。但他們一張郵票也沒幫我買過，卻幾乎讓我活不下去。

我對增加收入不抱任何希望，因此我開始省錢。我知道，只要我有了錢，就可以做投資，然後除了我的正常收入外，那些投資還可以給我帶來額外的錢。

你或許無法想像，我現在的財產始於我本來打算用來買帽子的一筆小錢。

這是實話。我沒有買帽子，而是把錢存到銀行裡，從此以後我開始走上了致富的道路，而沒有淪落貧困。

「補償規律」是世間的一條通行規律，按照這條規律，「你失去一些東西，必然會得到另一些東西」。

我把我的存摺帶回家給我妻子看，然後告訴她我的打算。我們兩人都想過好日子，而且她的想法也和我一樣，要想過上奢侈的生活，唯一的方法就是增加收入。

第一個月，我們費了好大的力氣，才把消費控制在自己以往開銷的四分之三以內。我們倆各自節省，都下定決心要趕上那些比我們富裕的人家。到了月末，我帶著錢走進銀行的時候，心中感到特別高興。比以往花錢的時候高興多了。

我的妻子和我一樣，對將來我們能買上比現在奢侈上百倍的東西懷有極大的興趣。她學會了在花每一分錢以前都做一番打算，想想看到底是要買呢，還是把錢存到銀行裡，讓我們的美好日子早一天到來。

我們並沒有過分壓榨自己。實際上，我們比過去過得舒適多了。因為我們不再愚蠢地把錢花在自己買不起的東西上面了。

至於我的事業，我希望你能看見我自己和我的工作方式上發生的變化。我現在可以全身心地投入工作。那一年，因為我工作特別全心全意，老闆一年給我漲了兩次薪資。孩子們，我可以告訴你們，節約用錢可讓一個男人看起來更自信，其他人都能看到這種自信。

一個有存款的人身上有一種特殊的潛在的力量，這在那些做一天和尚敲一天鐘的人身上是絕對看不到的。而一個人拿到他第一本存摺的那種喜悅，也絕非世間的其他喜悅所能夠比擬的。這些，都是我的親身體驗。

如果每個美國人每天都省下一毛錢，每天剩下的總額就高達一千萬美元，一年下來，就可以省下三十六億五千萬美元。這比現在投資中的紙幣總額都多。在你經由努力賺到錢之後，要想辦法讓錢為你自己生錢，而不要讓別人從中獲利。只有你把錢賺起來，它才能為你所用。

第33課 不要盲目地消費

「我們節儉是因為我們知道富貴都是有限的。」

——博克（Burke）

「你的存款減少並不是因為高消費，而是因為亂消費。」

——希爾（James. J. Hill）

我們每個人都有節儉的念頭。當我們還是小孩童的時候，每次吃蛋糕的時候，總會先吃掉周圍的一圈，然後把中間最甜的那一口留到最後細細品嚐。這就是節儉的表現。我們的時代需要節儉。節儉意味著即使我們的收入增加得很慢，我們的消費也只是處於緩慢增加中。

培根（Bacon）說過：「對一個人來說，那些要一再花錢的地方得仔細估量著花，而那些一次花了就不用再掏錢的則可以相對自由些。」

我們要想辦法減少生活中固定的消費，這包括那些每天、每週，甚至每月要重複消費的東西，比如房租、俱樂部會費、上下班交通費等等。在這些方面花錢的時候，我們要控制一定的限度，不能隨意花錢。

在美國，有許多百萬富翁在教導他們孩子的時候，都會傳授孩子走向致富之路的判斷力和人生來就有的基本技能。

那些經由自己的辛勤工作、勤儉節約和聰明才智致富的人深知，對一個青年人來說，這世上沒有比忍受人生磨難的意志更重要的東西了。

羅素·賽奇（Russell Sage）曾經說過：「如果我們告訴一個男孩說他長大後會很有錢，那麼十之八九他會一無所成。」

羅茲（Cecil Rhodes）終生致力於非洲叢林的開發工作，他建造了這條從開普敦到開羅的鐵路。雖然他的手中掌控著數百萬的錢，但是他從來沒有停止過身體力行。

他說我們應該這樣培養下一代：「人們不應該把錢留給自己的孩子，因為這樣對孩子有百害而無一利。我們能給孩子最好的東西就是，在我們能力所及的範圍內，讓他們接受最好的教育，然後讓他們身無分文地開始闖盪世界。如果你把所有的錢都留給孩子，他們會怎樣呢？如果是這樣的話，他們會失去努力的動力了。」

想要獲得明天的成功，今天就得付出一定的代價。

上天在授予人榮譽、閒適、尊嚴之前，都會從人們身上先拿走一部分東西。現在要開始付出，然後你才可能有追求的志向。不論你的志向是獲得財富、滿足、影響力，還是自由。

如果把錢剩下來存到銀行裡還不足以讓你、你的妻兒開始節約的話，那麼不妨為省錢設定一個目標，一個長期追求的目標，比如說買輛汽車。

首先，你們選一輛大家都喜歡的汽車，然後全家人都為實現這個目標而開始省錢。凡事預則立，只要有了計畫，你很可能在不知不覺中就賺夠了買車的錢。不久之後，你就可以把閃亮的新車開回家了。或許，你也可以不買車，把錢繼續存著，因為萬一家裡發生意外事故的時候，生活也會有保障。

每當看到銀行的時候，人們就會意識到要省錢是要有所付出的。但是我們有些人常常會忘記這一點。

有一個富人說了一個有關他致富的故事。他說：「我和我的妻子的財富是一分錢一分錢省出來的。每當我們有找零的時候，我們就把硬幣放進一個空罐頭瓶裡。我們只存銅板，其他的硬幣也不存。在裝滿一瓶之前，我們都把瓶子放在我們視線所及之處，每天看著它漸漸地變滿。我們給自己定下一條規則，就是誰也不許從瓶子裡拿出一分錢，什麼原因都不行。我們按照計畫積少成多。六個月後，我們已經存了四千兩百一十五個分幣。

於是，我們拿著這四千分錢，也就是四十美元的錢到銀行裡開了一個帳戶。這時罐頭瓶裡只剩下了二百多分錢，於是我們又繼續存錢。這樣一年下來，我們存了一百一十美元的錢。」

第34課　讓你的錢流動起來

「不遵循經濟之道的人富不了，遵循經濟之道的人窮不了。」

——詹森（Johnson）

「賺錢的祕訣在於省錢。一個人富裕與否，並不是由他收入的多寡決定的，而是取決於他收入和支出是否平衡。」

——卡頓（Cotton）

第一次世界大戰的奇蹟之一就是它改變了人們的思想，讓人們懂得節約。

對我們來說，這個思想的轉變是十分重要的。現在，節約很受人們推崇，這已經成為一種潮流了。人們也不再把節約和貧窮扯在一起了。

大家都意識到，節約彰顯的是一個人的智慧和生活品味，而浪費則強調出一個人的無知和貧窮。人們反對浪費，認為浪費的行為是對家庭的傷害，是對社會的傷害。揮霍的人很快就發現自己「要倒楣了」。

因此，他們趕快放棄自己過去堅持的種種要求，並且很快地發現，拋開這些煩人的東西能讓人變得心情愉悅，所以他們決定以後都不會再為這些東西煩惱了。他們發現，堅持讓自己的生活達到一定的標準是個不明智的作法。

因為，每當你達到一定的標準的時候，你又會看到新的、更高的標準在前方向你招手。

在第一次世界大戰以後，許多人發現，摒棄虛華的追求，可以為家庭帶來更多的自由、閒適和幸福。因此，許多人都堅持樸實的生活。他們發現，自己以前認為的種種生活必需品，有大半是自己不需要的或不想要的。減少盲目花錢，你的事業會獲得更大的成功。

有人認為，錢不是花掉，就是埋藏起來，這種想法是錯誤的。你賺得的錢總是離不開交易。事實上，所有的錢在一週內都會週轉兩次，這些錢都處於投資圍內。

如果你把一百美元存入銀行，銀行就會把它轉入投資，那麼在一週的時間內，這些錢在其他人手中也會周轉兩次。

我們國家一年的交易總額高達六千億美元，但是目前我們的投資紙幣只有八十億。因此，所有的紙幣一年內都要周轉上百次。

放眼世界，我們更會為美國的繁榮和富足而感到欣喜。但是如果我們每個人都緊緊抓住手中的財富不放，不讓它進入投資的話（假設如此），那麼這些財富對我們來說又有什麼意義呢？

你存在手中的錢、賺來的錢都是你自己收入的一部分。但是，社會的繁榮來自於賺錢和省錢兩個方面。繁榮意味著節約，也意味著我們要把資金省下來用於投資，這樣等你退休的時候，就有收入可花。繁榮，是我們共同期待的！

對每個美國人來說，繁榮都是一種機遇——不論你是搭乘五月花號來美國的開拓者，還是乘新式蒸汽船過來的新移民。只要一個人摒棄了它原先的偏見和作為，接受了新世界的生活理念、接受了新政府的領導，並接受了自己新的社會地位，那麼他就是一個美國人了。只要他融入了我們，他就是一個美國人了。

在這裡，所有的種族都融合在一起，形成一個新的民族。這個民族的努力和繁榮將會給這個世界帶來巨大的變化。美國人是西方的朝聖者。從歐洲大陸興起的藝術、科學、動力和工業，都將在我們手中達到極致。

第35課 人人都有賺錢的機會

「和諧來自於行事有度，而非一味滿足欲望。」

——赫伯（Heber）

「機會不會止步於門口，它不會敲了門就走。相反地，機會伴隨著你生活、工作的每一刻，夜晚來臨的時候，它也不會溜走，只是靜靜地睡在你的房門口。因此，如果你沒有把握機會，那只能怪自己了。」

許多作家都寫過關於機會的文章。他們會告訴你說機會只給一個人敲一次門。其實，機會是一個龐大的家族，這個家族有大機會也有小機會。有些機會會經常去敲一個人的門。

有可能在你不在家的時候、呼呼大睡的時候，或者沉迷於自己當前地位的時候，大機會來敲過你的門並走了。

同樣一個機會，對某個人來說可能是大機會，但是對其他人來說卻可能是小機會。但不可否認的是，它們都是機會家族的成員。目前而言，我們每個人手中都有的機會就是：從現在開始，讓我們大家一起開始厲行節約。

我們每個人都有賺錢的機會，同時，每個人也都有節約的機會。一個明智的人，會時刻睜大眼睛、保持清醒，以抓住每一個節約的機會——不論是大機會還是小機會。

第36課 成為富人不一定要賺大錢

「世上的事物不會自己出現，都是人們把它們找出來的。」

「夫妻給孩子最大的財富不是鉅額的財產，而是教會孩子如何勤儉持家。」

——佩恩（Penn）

有些人自己不節約，還藉口說生活開銷太大了，他們根本就沒有餘錢。我們真該把那些抱怨現在生活開銷太大的人送到西元三〇一年的羅馬去！那時候的羅馬皇帝是戴克里先（Diocletian），而羅馬也正如現在的芝加哥一樣繁榮。

當時，一磅的火腿值十五分錢、一磅的奶油值九分錢、一顆雞蛋值五分錢、鮮魚的價錢則和今天一樣貴。

而且那時候，教師一天的薪資只有二十一到三十二分錢；律師接一個案子只收入一元九分，辦完一個案子也只能得到四元三角五分；木匠一天收入二十六分，石匠也是二十六分，而苦力一天只有十三分錢。把這些數字和我們今天的略做對比。想像一下，要是你忙了一整天卻只有二十一到三十二美分的收入，但是光一打雞蛋就要花掉你五分錢。你能想像自己一天收入的五分之一只能買一打雞蛋嗎？要是現在有人一天收入六美元，但一打雞蛋就要花去他一塊五，那他還不知道怎麼哭喊呢！

我們的錢花得飛快，並不是因為生活開銷太大了，而是因為我們太縱容自己了。如果我們能把以前花錢僱人做的事，現在改由自己部分分攤，那麼我們每個人都可以從一週的花費中節約一部分來。

紐約城裡住了一個人，他的財產有三萬美元。他說這些錢是他從刮鬍子和擦皮鞋的錢裡面省下來的。他把省下來的錢用於投資，很幸運地獲得了回報。如果我們也都開始省錢的話，也可以把錢用於各種投資了。要想獲得經濟的獨立，並不一定要賺大錢才可以。

芝加哥有個銀行小職員就是一個例子。他在那家銀行工作了四十年，週薪從來沒超過二十六美元。但是這個人居然有二萬美元的財產。這些都是他從自己的薪資裡面省下來的紅利所得。他每年可以從自己的投資中獲得一千美元的紅利。這幾乎和他的薪資一樣多了。就這樣，他生活得很舒適，在養家餬口之餘，還能給孩子提供良好的教育。

還有一個人，用六年節省下來的錢買了一座農場。在印第安那州有一座五十公頃的農場，在這座農場上你可以看到一個每天都很幸福快樂生活著的小女人。雖然她雙腿殘疾，只能依靠枴杖行走，但是她確實過得很幸福。她原先在城裡面工作了六年，做的是打包便當的工作。但就是在那六年中，她開始省錢，每週都省節約下來的錢存到銀行裡。六年中，她存下來的錢足以買下一座五十公頃的農場。然後她和她母親在那裡開辦了個養雞場。

聽了這些故事，還有誰敢說她「在世上活不下去了？」確實，在聽了這些故事後，也沒有人能反駁一個金融家說過的一句話了。他說：「每當我聽到一個收入可觀的人抱怨說他自己省不下錢來的時候，我就知道並非他不能，而是他不願意。」

有個富翁，他有一個小兒子。這個小兒子就和其他富家子弟一樣，以為自己想要什麼都能得到。有鑑於此，這個爸爸覺得應該讓孩子懂得錢的價值。剛好他們鄰居家的小孩有一匹小馬駒，富翁家的小兒子十分心動，也想要一匹。

於是這個富翁說：「要是你能把自己的零用錢存起來，現在也能買得起那樣的小馬了。既然你把錢都花光了，自然就沒有馬了。」那時候，小兒子第一次意識到把錢省下來，就能買自己特別想要的東西了。

因此，他開始省錢了。到了他十五歲的時候，他存的錢就夠買小馬駒了。但是，他父親又對他說：「還記得史密斯先生家的大駿馬嗎？要是你能再多存一年的話，你就可以買那樣的馬了。」小兒子喜歡大駿馬遠甚於小馬駒（他父親早就抓住了他這一點），所以，他又存了一年的錢。

然後，他父親又說：「你現在的錢足夠買大駿馬了，是吧？但是現在大多數年輕人都買小汽車。要是你再存一段時間的錢，你就可以買輛漂亮的小汽車了。」等到孩子存夠買汽車的錢的時候，父親又告訴他現在的不動產很便宜，而且升值得很快。其實到了這個年齡，這個孩子已經萌發了做生意投資的念頭了。

因此，當他父親告訴他該怎麼一步一步做的時候，從存錢到銀行裡到為某個目標而省錢的時候，他說：「老爸，難怪你那麼年輕就成為百萬富翁了！你從來沒有刻意教我什麼，但是我從你那兒學到的東西是別處永遠都學不來的。要是每個人的爸爸都會教孩子怎麼省錢的話，美國的百萬富翁就要滿大街都是了。」

第37課 求助他人，不如自助

「求助他人，不如自助。」

——埃德・豪・艾奇遜（Ed Howe of Atchison）

把農村裡常見的公路、慢悠悠的小貨車和鐵路、火車做個對比，你覺得哪種運輸方式成本更低？用鐵路運一噸重的東西到一英里外的地方去，只需要一美分錢。但是用小貨車運送的話得花二十五美分。把東西從村裡運到鎮裡花的錢，比把同樣東西從鎮裡發送到最終市場上花的錢還要多。

雖然說前者的路程可能不到十英里，而後者可能不止一千英里。一年內，大約有兩億噸的農產品是經由小貨車運到鐵路上的。

想像一下，兩億噸，每英里每噸二十五美分！一般來說，農家的小貨車一次載重是一噸半，想像一下這種小貨車得在破破爛爛的鄉村公路上來回跑多少趟！要是我們在修鄉下公路的時候，也能充分運用修建鐵路的經濟之道的話，就能把消耗在破公路上的錢都節省下來了。

而農民花在農產品運費上的錢也可以省下一大半了。路況良好的公路可以降低運輸成本。但是那些一般農民目前卻還得忍受破爛公路，他們把這看作是理所應當的，就像他們的頭髮和出身那樣都是生來就注定的。

運一車的番茄到紐約、芝加哥或者其他地方去，一英里只要花一分錢，關於這一點，農民倒是想得特別週到。但是他們從來沒有想過要減少從農場到車站的運費。因為這些高額的運費，削減了他們不少的利潤，對此，他們毫不自知。他們習慣於長久以來的生活。

因此，他們從來沒有想過，如果能修一條較好公路的話，他們每年能省下好幾百美元的運費。他們對安逸的生活感到特別滿足，但是卻從來沒有好好想過要如何節約成本。

你的生活中有沒有這種你習慣花而沒有注意到的開銷？你的生活中有沒有你可以節約下來，但因為太習以為常而被你忽略掉的花費？你家中、工作中或社會生活中，有沒有那種花點心思、改變一下觀點就能幫你省錢的地方？或許你的房子遠超過你舒適、便利的要求，但是因為你住得太久了，就不願意改變一下環境。

或許你的社會生活給你帶來的快樂並非物有所值。或許你為培養自己的女兒成為鋼琴家而省吃儉用，但是等女兒長大後，就會想結婚想買房子。這些人生的必經之事都會讓你以前的投入歸零。

或許你的「破爛公路」並不在上面提到的範圍之內，但是它絕對存在。而現實情況是，你並沒有正視這條「破爛公路」，也沒有意識到如果你開始把這方面的錢省下來，那麼你口袋裡會多出多少錢。

我們慣常的作法就是任其依舊。「很有必要讓每個農民每年都客觀地審視一下自己的農場，然後採取一些別人沒有採取過的措施。

有的時候，天天接觸自己的工作，會讓一個人的視野變得狹小，會讓他對一些重要的地方視而不見。你或許有這樣的經歷，一天在一條下水道旁經過四五次以後，你可能才意識到它的存在。

同樣道理，有可能你在一個樹樁旁繞道走了好幾年都毫不知覺，似乎它生來就在那兒似的。」霍姆斯特德（Homestead）說的話確實值得我們思考。

第38課 要過得快樂就要有高追求

「想要過得更快樂，就要有更高的追求。」

在南美洲有一種棕櫚樹，它可以給當地人提供麵包、油、糖、鹽、水果和蔬菜。它的葉子和樹幹可以用來蓋草房子、做廚具、籃子和蓆子，還可以製成各種各樣的東西，包括纖繩、漁網、弓、針線、魚鉤、箭頭等等。

這種在院子裡隨處可見的樹木渾身都是寶，有了它，可以省下好多錢。

在阿拉斯加州的印第安部落裡面也有類似的東西，它們是一種雪松樹。它們的用途也非常廣泛。把這種樹的樹幹挖空了，就是一艘獨木舟。這種小舟長六十英尺，可以容納一百個人左右。當地的廚具也是用這種防水的木頭做成的。

印第安人的房子是矩形的，把雪松木板一塊塊釘到挖好的凹槽裡就成了一座房子。他們的餐具都是用這種木頭做成的。雪松木的的樹皮可用來編織皮包和蓆子，而且，經過提煉的樹皮還可以用於製作毯子和各種布料。

這裡的印第安人還生產世界上的巫師籃子。他們把雲杉細嫩的根刨出來做成這種籃子。而這種雲杉也是雪松的一種。

是不是特別有趣？但是這些遠離生活喧囂的人們都還處於未開化的生活狀態，他們自古以來就是這樣生活。

有人會想，如果一個人可以不為衣食住行而操勞，那麼他就會成為一個藝術家、演說家、機師、作家、學生、發明家等等，實在不勝枚舉。

錯了！正因為人們必須每天為衣食住行辛勞，我們才創造了今天的文明。人們白天各自在工作崗位上辛勞，閒暇時間，就會想發明一個電動車、設計一艘飛船，或構思一幅畫。

為了賺到足夠的錢來實現自己的理想，他會捨棄身邊的許多誘惑，一心存錢。

「成功人士之所以成功，在於他們一心關注對他們來說重要的東西（不管這東西有多不起眼、多遙遠、多不切實際）。

為此，他們也捨棄了許多其他的東西。」

第39課 工作是人生的動力

「只有當一個人真正知道如何平衡自己生活的時候，他才是一個完整的人。」

——愛默生（Emerson）

「格言闡述的都是重要的絕對的真理嗎？正確的格言如同有益的細菌，它們能給人留下深刻的影響，並堅定人的意志。」

——朱伯特（Joubert）

「能勝任自己工作的人，會感覺自己是個王者。」

小男孩到學校裡讀書，但實際上他是經由與其他孩子的交往學到東西的。工作是人之所以為人的動力。沒有這種動力，我們也不過是沒用的行屍走肉。

斯賓諾沙（Spinoza）是位著名的哲學家，但他白天做的是打磨鏡片的工作。到了晚上，他才開始學習，撰寫哲學著作。史考特先生（Walter Scott）五十五歲的時候，有一天一覺醒來時，猛然發現自己身陷五十多萬美元的鉅額債務；因為他跟人合夥的生意虧本了。並沒有人逼他償債，但是他覺得自己應該負起責任。

他感歎說：「時不予我啊。」

因此他比以前更努力地工作了。只花了十三個月的時間，它就完成了《拿破崙的一生》一書，這本鉅著共有九冊。雖然他得了小兒麻痹症，儘管他連舉筆都頗費力氣，但還是堅持寫作。不到四年的時間，他就償還了全部債務的三分之二。正是不懈的工作讓他做到這一點。工作，讓他在四年內賺了三十多萬元。

有個歐洲人曾經問過一位著名的美國總統他手臂上戴的是什麼。總統回答說：「是襯衫袖子。」著名的天文學家赫謝爾（Herschel）原先是樂隊裡巡迴表演謀生的團員。每天收工回家後，他就架上望遠鏡開始觀察天空。有一次他在避暑勝地表演，在演出間隔的時候，他總是悄悄地溜出來，跑到望遠鏡那兒去瞄幾眼。正是這樣不懈的觀察，他終於有所發現，並為自己贏得了名望和財富。

達爾文（Darwin）原先也不過是鄉村醫生。有一次他去看望生病的朋友，在泥濘風雪中步行的時候，他還不忘寫自己的科學著作。他身邊隨時都帶著小紙片，每當有什麼念頭劃過腦海的時候，他就把它記下來。

一天二十四小時，拿破崙（Napoleon）有十八個小時是在工作上。他吃一頓飯往往只用十分鐘。他每天工作到深夜，每當他的祕書們昏昏欲睡熬不住的時候，他就會催他們繼續工作：「做快點！才兩點鐘呢，法國人民供養著我們，我們可不能讓他們失望。」

保羅．斯卡龍（Paul Scarron）是法國最著名的作家之一。他創造了滑稽的寫作風格，給全世界的人帶來了更多的笑聲。但是他自己卻是一個嚴重的截肢癱患者，他每挪動一下都會感到疼痛無比。

如果我們也能像他們那樣，不論有多少艱難險阻，都努力工作的話，我們也可以出名或發財，或者名利雙收。我們的未來充滿機遇，我們的機遇並不會比他們少。

一個人擺脫了債務，銀行裡有些存款，那麼他在未來的機遇會比過去多得多。

第40課　改掉自己浪費的習慣

「有意的浪費帶來可悲的欲望。」

「靠自己的雙手工作，好多事情都變得容易了。」

——巴茲爾（Basil）

——賀瑞斯（Horace）

美國每年消耗的礦產、樹木、農場折合成市價的話，價值高達二百五十億到三百億美元。我們每年出口比進口多三、五十億美元，但其中有二十億美元是原材料出口。按目前的標準衡量，每年美國人的生活消費總額是七百三十億美元。但是，送到消費者手中的最終消費品，如餐廳裡的裝飾、童鞋、農具、汽車等等，其價格卻是原材料價格的兩三倍之多。

有一個現象特別有趣，也特別可歎，那就是在這些原材料中，每年大約有價值三十億美元的原材料被浪費、丟掉，甚至是刻意破壞。

有些浪費出現於原材料階段，而有些則是產生於最終消費品階段。這就意味著我們一年浪費掉資源的價值可能會高達五六十億美元。平均到每個人的價值是五、六十美元，而每個家庭則浪費了大約二百二十五美元的價值。好多的浪費是因為我們無視他人的財物所導致。

表面上我們浪費的是自己的財物，但實際上，卻浪費了更多他人的東西。如果你仔細觀察一天的生活，就會發現：一個隨意丟棄的菸蒂燒毀了一座高樓；鑽石輕輕一劃就弄壞了一個玻璃盤子；一個亂丟的牛奶瓶子劃破了汽車的輪胎；因為沒有及時潤滑，機器的零件損壞了；因為不小心，影印店浪費了一噸的紙；砸出來的石頭把人家漂亮的窗戶打破了；粗心的主婦或僕人把成磅的食品丟進垃圾桶；昂貴漂亮的大理石門廊被點燃的火柴破壞了；因為不小心，把酒店、旅館、家裡的瓷器打碎了；不小心一腳踩壞了漂亮的實木家具。諸如此類，不可勝數。

你或許已經注意到了，那些有經驗的工匠們總是十分愛護他們的工具，把它們擦得又乾淨又亮，而工廠裡的雇工們在下班後，總是把工具一丟了事。你當然也注意到了，家庭主婦會比雇來的廚子更愛惜食物。

你只要看一眼，就能判斷出工人手裡用的工具是他自己的還是他老闆的。看一個司機開車，你也可以判斷這輛車是司機自己的還是老闆的。

我們當中許多人毫不在意地丟掉、毀掉自己的東西，但其實人毀壞的大多是別人的東西，沒有人例外。每年我們浪費掉的物品分攤到每個家庭是二百二十五美元。要是我們沒有這樣浪費的話，每個家庭的財產都會比現在多了二百二十五美元。你丟掉或毀壞的每一個東西，都是你自己掏錢買的，或是你自己掏了一部分錢買的。而且你看到的每一種浪費行為，其實都在損害你的利益。除非說那個人浪費的完全是他自己的東西。

即便如此，他的浪費行為不僅會造成國家一定的損失，也會給你帶來一定的損失。看到這些，知道你每浪費一個東西，都會損害自己的利益，你還覺得自己能夠繼續損壞別人的財物嗎？

我們上文所舉的一些例子，都可以計算出損失的價值。還有許多價值浪費的例子是我們無法估量的。

就算我們做不到勤儉節約，但只要我們避免那些浪費、破壞的行為，只要花一代的時間，我們的國家就會變得更加富強。二十年內，我們國家的物質財富會增加三分之一。省下來的錢和利息足以買下南美洲、非洲和澳大利亞。如果你現在二十一歲，上面所說的就是從你出生以來我們浪費掉的財物：三大洲，除美國之外全世界財產的五分之一。

想像一下，要是我們七十年不浪費的話，我們就能買下全世界了。

如果你同意我所說的，認為現在該是我們停止浪費、毀壞我們自己和他人財物的時候了。

那麼，讓我們從今天開始就改正我們的作法。首先改掉自己浪費的習慣，然後努力勸說周圍的人停止浪費、破壞他人和自己財物的行為。

第41課 不要把錢投在不熟悉的領域

「人生有兩個時候不能做投機買賣：一是做不起的時候，一是做得起的時候。」

——馬克・吐溫（Mark Twain）

「不要完全靠錢，但是要把錢存在可靠的地方。」

——賀瑞斯（Horace）

「沒有人會讓自己的錢遠離自己的掌控，也不會讓它們落在不可靠的人手中。」

——培根（Bacon）

如今，如果有誰因為投資不慎而損失多少錢的話，我們完全用不著去同情他們。那些人遭受損失的原因是他們根本就分不清在生意場上什麼可能成功、什麼不可能成功。

一般來說，誰都願意把錢投到回報多的地方去。但是人們卻不能意識到，他們不能保證一方面自己有10％～15％的回報，另一方面又要求自己的本金絕對安全。他們也意識不到，要保證一筆生意的利潤能達到15％或30％或更多的時候，這種生意早就被那些本錢多的人攬去了，而不會讓給其他人來做。

所以，如果有人告訴你說，他現在有一個投資，能保證你拿到15％的回報，那麼他肯定是在說謊。你越早擺脫他越好。

要想得到穩定的利息，你可以把錢存到一些地方去，而這些地方老少皆知：

（1）你可以把錢存到銀行裡，然後銀行會給你可觀的利息。同時，你花起錢來也很方便。

（2）你可以購買一些由資本雄厚的銀行發行的股票或債券。

（3）如果經信貸公司或保險公司評估，你也可以購置一些值得投資的固定資產或抵押農場。

因為無知而認為錢在生小錢的時候，還能保證本金絕對安全，這不再是投資受騙的藉口。只要是識字的人，都聽說過上面幾種安全的投資方式。

有些人不利用自己的知識，而把錢投在自己不熟悉的領域，或者投在不安全的領域。這種人不是不會管理錢，就是全憑衝動下賭注。要是前者的話，他必須多向有經驗的商人請教，要是後者，那他虧本就完全是咎由自取。

「史密斯先生說我要是買下他手中的股票，我一個月能得到30％的紅利。」瑪麗．安德魯斯（Mary Andrews）夫人在控告詹姆斯．史密斯的時候作證說。史密斯是個股票掮客，前些時候，瑪麗請他幫忙買些穩妥的股票。安德魯斯夫人上當受騙了，她買了一個機械公司一萬多美元的股票。這種股票詐騙，都是騙人把錢拿出來炒股，向他們保證說能得到豐厚的利潤，並讓他們發財。

但是，這種詐騙手段現在不太容易得手了。幾乎所有的人都認識一些曾經被這種拙劣騙術騙倒的人，因此，大家都學會吸取教訓了。

現在，越來越多的人滿足於獲得適量的投資回報，他們不奢望有機會能一夜

致富。比較現實和理智的人都知道現在賺錢不容易，因此他們都說「安全總比將來後悔的好」。

把你的閒錢都拿來投資。你今天省下來的一美元，明年可能就價值兩美元了，不用你費心，它們可能自己就漲一倍或漲兩倍了。只要你把不必要的花費節省下來，這些錢就能給你帶來巨大的回報。同時，還能保證它們絕對安全。

第42課 學會利用錢

「巨大的財富也是積少成多得來的。」

「我們真正需要的東西是多麼的少啊！要想滿足這些需要是多麼的容易啊！但是我們想像中的欲望卻是無窮無盡、瘋狂無比的！」

——阿農（Anon）

為使用房子而付的錢叫「房租」，人家使用了你的勞力而付的錢叫「薪資」或「薪水」，人家使用了你的錢而付的錢叫「利息」。利息是唯一一種不用你辛苦工作並且保證能得到的錢。

每當你把錢省下來的時候，你會覺得這筆錢是你生命、精力、青春的組成部分。

你可以把這部分生命、精力、青春保存起來，你也可以把它花得無影無蹤。你可以把它存到銀行裡，讓它們永不流逝，還能幫你賺錢，並每隔六個月就把賺來的錢或者「利息」交給你。

你可以讓這些過去的精力、青春每天為你賺錢，可以讓它們增加你下半生的收入。

你也可以任性地把它花掉，然後就再也看不見它了。如果你把它存起來的話，每過六個月，你存款帶來的利息就會自動加到你的帳號裡去，然後利滾利，只見銀行裡的錢一天比一天多了起來。不要把你用精力和青春辛苦換來的錢花掉，把它們存到可靠的地方去，這樣，每當你需要的時候，就可以把它取出來。

下面是一個富翁講述的一個故事：

「我還年輕的時候，在一個辦公室裡工作。我們同屋的一個老人老說他留不住口袋裡的錢，但是他要把錢存到銀行裡的話也不成什麼問題。所以我就帶著兩美元的錢來到銀行存錢。

「其實當我帶著兩美元來銀行存錢的時候，只是抱著玩玩的態度來的。但是銀行裡的出納看我的眼神讓我覺得自己遞給他的是兩千美元，而不是區區兩美元。等他登記好我的姓名和住址，為我開好存摺後，他就把我引到儲蓄部門經理面前。經理的態度特別好，就好像我是他們的重要儲戶一般。在跟他進行交談前，我就意識到，或許我今天走對了人生的一大步。我不再覺得自己存的錢很少，也不再覺得只是來玩玩而已。我當時就意識到，錢的數量多少並不重要，重要的是我開始存錢了！

「在接下來的一個月中，我開始注意隨時隨處省錢。我的生活一往如昔，只是稍微給自己制訂了一個計畫。因為剛開始自己還不是很有經驗，我第一個月存了十美元。在我眼中，那十美元比我後來一個月的薪資都還重要。因為那時美元完全是屬於我自己的。而我後來賺的錢都還得支付車票、房租，還有其他額外的開銷。

「在第一年的時間內，我存下了獎金二百美元。收穫了3％的利息。即使是最晚存進去，也有兩個月的利息。我存進去的錢一分錢也沒有花，因為我把錢存進銀行就是想讓它們幫我生小錢。而不是僅僅把它們存到一個安全的地方去。」

幾年前去世的一個著名富豪，在世時特別有省錢的智慧（而不是花錢的智慧），要不是這樣的話，他也成不了富翁。他比普通人更重視節約的重要性。

他說應該學會利用錢，讓錢每時每刻都處於投資中。

第43課　不要讓財富像水一樣流走

「經由消滅浪費現象，我學會了不少東西。而知道自己沒有浪費東西了，我感到特別幸福。」

——柴而茲（Geo. W. Childs）

「希望你不會因為忽視了什麼東西而有後悔的一天。」

——亞伯拉罕・林肯（Abraham Lincoln）

美國在一九二三年時，全國財富的總額大約三千五百億美元，比英、法、日三國的總和還多。在計算全國財富的時候，我們把土地、森林、礦藏和除了水資源以外的所有自然資源都算進來了。

水是自然資源中最有價值的，比其他任何東西都值錢。但是，在計算全國財富總額的時候，我們卻把它忽略掉了。而且，我們國家水資源的價值比金礦和銀礦的價值總和還要高。我們說的水資源並不指水電，而是水，普通的水，裝在杯子裡的水。要是沒了水，也就沒有財富可言了。

沒有了水，沒有了包括雨水、河水、海水之內的所有的水，沒有了水的蒸發和降落，我們美麗的國家花園，這個養育了一億人口的大花園將不復存在，將會變成巨大的荒蕪的沙漠，處處矗立著裸露的山脈，漫天飛揚著塵沙。

水，加上土壤，就能夠生產出食物。但是水本身就可以為我們提供好多食物。一公頃的海洋一個月內能生產的食物，比全國最肥沃的土地一年生產的都要多。密西根湖（Lack Michigan）整湖的水，其價值比世界上能計算的價值總和多。

一品脫的水比一品脫的黃金還要珍貴。水流入地表——滋養樹木——蒸發到空氣中——回到地表。世上的水永遠不會變少，因為年復一年地，水都在地球上循環。但是一國之水卻有可能會減少，它會流失，會流到海洋裡去，流到非洲的海岸上去。

從前，你或許從來沒有想過水會是世界上最寶貴的資源。它太普通了，我們經常忽略了它的存在。它和我們如此熟悉，它每天都在我們面前出現，我們從來都沒有想過它的價值。我們從來沒有想過我們應該、而且能夠節約用水。我們常常忽略這樣寶貴的資源。

推而廣之，我們也應該想像，生活中是否也有別的財富因為太熟悉了、離我們太近而被我們忽略掉？我們說有的財富離我們很近，是因為我們可以把手中的錢存起來一點點，不讓它們白白流到陌生人那裡去。

把錢花掉並不會給整個世界帶來損失，這就像水的流失一樣。但是，從山坡上流下來的水，從河谷中流走的水，都奔向大海一去不復返了。這些水的價值，只有那些看得到它的價值、並會利用它的價值的人才會擁有。你花掉的錢其實都跑到你周圍人的口袋裡去了。

仔細觀察一下自己的生活，看看是否能節省一些以前沒有省下來的錢。在你的生活中，肯定有可以省錢的地方，只是你忽略了而已。正如你看不出水比黃金珍貴這一點一樣。

節約用水，這樣就可以種更多的樹木，也可以更好地保護我們現有的水。樹木可以攫取空氣中的水分，形成河流湖泊。節約用水就是在溪水流走之前，充分發揮溪水的作用，利用好每一滴水。

完全靠自己的努力、工作和資本的人，在任何時候，不論遭受什麼壓力，都不會被擊倒。

第44課 學會合理支配你的收入

我的工作

不管我是在田野裡還是在森林裡，

是在辦公桌旁還是在織布機旁，
是在喧鬧的市場裡還是在安靜的房間裡，
我都要堅持每天工作。
當流浪漢想把我引入歧途的時候，
讓我由衷地說，
這是我的工作，是上帝的恩賜，不是厄運。
芸芸眾生中，
我是最能激勵自己、積聚能力的那一個。
我歡喜地迎接工作，
當夜幕降臨的時候高興地回到家中。
在黃昏時刻我盡情去玩、去愛、去休憩，
因為我知道，我的工作做得最好。

——亨利・范・戴克（Henry Van Dyke）

「如果世人看不到你的才華，請不要氣餒、灰心，哀兵必勝，但是失去勇氣的人永遠也不會勝利。」

「要我是鞋匠的話，我就要成為最優秀的鞋匠；要我是修補匠的話，我也要成為世上獨一無二的修補匠。」

重複上面的話，直到你能體會它的意思。直到它深深打動你的心，直到它每天都在你的腦海裡、在你的心裡迴響著。

只要你能牢記上述四句話，就會有更多的新的想法，可以把工作幹得更好，可以賺更多的錢，可以在經濟社會地位上爬得更高，可以讓自己、讓自己所愛的人過得更開心。

這些話讓你堅持挑燈夜讀，讓你相信自己的動力，讓你在處理舊事的時候有新的方法，讓你把手中所有的東西都變成藝術。它們教會你不要等別人給你擺好棋盤才開始下棋，要自己主動拿棋盤下棋。

它們教會你如何才能獲得更多的力量，因為「力量來自於堅持不懈的努力。當某件事情你能做得比別人更好的時候，你就獲得了力量；如果你輕而易舉地就能完成，並且感到心情愉快的話，那是上帝對你的恩賜」。

你、我、我們大家都在建空中城堡，有些人傾其一生都執迷不悟。或許，有些人的空中城堡建得不錯，但是它缺乏堅實的基礎。

所以，只要堅持努力一年，你就能打下良好的基礎了。把城堡的基礎打好後，明年就可以在此基礎上繼續建設了。從現在起開始動手。不要只是站在一旁想著要完成整座城堡的計畫，因為你很明白，做好一件事，並不是一蹴可幾的。

世上最奢侈、最昂貴的事情就是浪費時間。把時間用於工作、學習、遊戲或休息，每個時刻你都會有所收穫。珍惜時間，可以讓思考敏捷、心理成熟、身體年輕、錢包滿滿。

你的財富並不會隨你收入的變化而變化，但是你如何支配自己的收入卻決定著你有多少財富。那些活一天愁一天的、靠丈夫或父親養活的人，並不是缺少錢，而是他們太浪費錢了。

一年要賺下一筆可觀的錢，並不需要特殊的智慧或美德。一個人只要把自己的收入存起來一部分（不管是多小的一部分），那麼他就會成為自己的主人。對他來說，存款是他的力量之源，讓他有立足之地，滿懷勇氣，讓他工作愉快，吃得好睡得香。

財富人人都能得到。它不過是讓你制訂自己的生活標準，不要一心追求鄰居們的生活。「財富起始於一片僅夠擋風遮雨的屋簷；財富起始於一口能給你提供清甜泉水的井；財富起始於僅有的兩套衣服，一套穿髒了再換另一套；財富起始於燃燒的乾柴；財富起始於雙芯燈泡；財富起始於一日三餐；財富起始於代步的一批馬、一輛汽車；財富起始於穿洋過海的一艘小船；財富起始於工作工具；財富起始於一本書。」

約翰．海（John Hay）曾經說過，如果在那個下午他離開自己的辦公室的話，他的生活早就偏離了現在的軌道了。所以，不要輕言離開。

還有一個故事。有一天，漢娜（Mark Hanna）要和阿莫爾（Philip D. Armour）見個面。漢娜的祕書把會面的時間定在「週二下午一點」，因為只有那時候，漢娜才有空。漢娜去的時候，這個包裝工人一邊坐在椅子裡刮鬍子、吃飯，一邊還不忘記錄速寫。而這還是他唯一的休息時間。像阿莫爾這樣的人，要想讓自己的名字傳遍所有地方，傳遍每個國家，就必須努力奮鬥。

其他心有所求的人也都必須努力奮鬥，自然界的規律沒有討價還價的餘地。富人和窮人、大人物和小人物的不同之處只在於他們的工作不同，四個字母：W-O-R-K。充滿熱情地去工作，不要勉強地工作，這樣即使是最普通的工作也會變成一種藝術。就像「要我是鞋匠的話，我……」所說的那樣。快樂地工作、明智地堅持省錢——這就是生活的藝術。

第45課 理性消費、定期存款

「養成節約的好習慣本身就是受教育的過程。它激發美德，教人自制，讓人們意識到規律的重要性，培養人們遠大的目光，開拓人們的視野。」

——芒格（T. T. Munger）

有得必有失，有失必有得。這種補償的規則無處不在。在險惡的揮霍習慣的驅使下，一個人的男子氣概和雄心壯志會消逝殆盡。

奢靡的生活讓人對金錢的欲望無限膨脹，對金錢的欲望讓人心腐朽。國人不堅強，國家也不會強大。華盛頓軍隊裡的射手並沒有坐軟墊汽車、穿絲織襪子，但是，他們都是硬骨頭。這都是經由勤儉節約培養出來的。

如果沉迷於奢靡的生活，最強壯的血液也會變稀。繁榮的希臘被區區幾百塞莫皮萊人的踏平，而他們不過是個波斯游牧民族。

但是，在享受一段時間的財富和安逸之後，這個英雄的民族就變得女人氣了，他們夏天佩戴著輕巧的飾品，冬天則戴著沉重的飾品。於是，他們的末日到來了。希臘的失守正是因為那些拚死維持希臘傳統的人。

「貴族們悠閒的日子已經一去不復返了。我們現在是個人人需要工作的國家。我們發現成為一個好公民所需要的品格和成為一個好士兵是一樣的。」「只工作不玩耍，聰明傑克也變傻」並不比「貪玩的人短命，勤快的人長壽」更有道理。

一心想玩不願工作的人注定會產生犯罪的心理，就像一心工作從不休息的人會變得不靈活一樣。

我們國家需要更多的人來工作、省錢，而不是游手好閒、揮霍浪費的人。戰後的消費者罷買其實是緣木求魚的作法。想要降低物價並不一定要罷買，只要自己厲行節約就可以了。

辛勤工作，只買自己需要的、自己能安心享用的東西，其他的都可以節約起來。只有學會了工作和節約，一個人才可能獲得成功。所以，讓我們從現在開始行動吧！

要是我們大家在工作賺錢的時候花的心思有我們在花錢的時候用的一半，那麼，用不了多久，我們就都能過上舒適富足的日子了。如今，物價、薪資、收入都在不斷地提高。不幸的是，入不敷出的情況實在是令人心驚。好多人都過著入不敷出的生活，大概有5％到10％的人日子是每況愈下，因為他們賺的錢還是不夠花的。

賺的錢多了並不會讓物價提高，倒是因為花的錢太多物價才不斷上漲。因為花錢多，就造成供不應求的現象。要是大多數人花的錢都比過去多了，那麼物價也會隨之提高。要是大多數花的錢減少了，那麼物價也就降下來了。

理性消費、定期存款可以讓一個人的生活過得更幸福、舒適，讓一個人有更獨立的未來。你是未來的你和你未來的家庭的主人。

正如愛迪生（Edison）所說：「生活中有一條永恆的真理我們必須遵守：要根據自己所處的境地決定自己是否要一個東西，我們期望得到的東西也不能超過現有的範圍。如果我們一心追求光明的前程，那麼在達到目的的時候我們可能就不會感到很大的喜悅了，如果我們盲目指望得到一個東西，那麼有可能我們一輩子也得不到它。」

第46課 懂得休息的藝術

「樹立適當堅定的獨立的人生觀。缺乏獨立，沒有人能夠感到快樂，甚至沒有人能夠堅守誠信。」

——朱尼厄斯（Junius）

「如果一個人相信自己能做到某事，那麼他已經在成功的路上走了一半了。」

——比林斯（Josh Billings）

「不靠自己的理智去判斷如何生活，而是緊隨他人的步伐前進是十分有害的。」

作為一個民族，我們是自由而獨立的；作為一個的家庭或個人，我們或許是自由的，但我們好多人都沒有獨立。讓我們從一時的喜好衝動中獨立出來，讓我們從盲目的購買和奢侈的習慣中獨立出來。

——塞內卡（Seneca）

早日獲得經濟上的獨立，這一點我們每個人都能做到，而且很容易都能做到，只要我們從現在開始下定決心、堅持不懈地為獲得經濟獨立而努力。

「獨立不僅來自於富足，也來自於量力而為。也就是看一個人想花錢的時候是否考慮到自己的收入是有限的。」

如今，我們面臨著前所未有的機遇。「人才供不應求。賺錢前所未有的容易。現在是工作者的時代。現在的人收入比以前增加了30％到100％，這是因為每個工作者在國家機器裡發揮的作用越來越重要。這種變化不僅改變了人們的經濟狀況，還改變了人們的心理狀況。

人們覺得自己付出的工作得到了回報，覺得自己受到了尊重，他們用新的目光、新的心態看待自己的工作。他們認識到在工作中，自己不但要完成上頭的指令，還應該做好自己該做的事。

還有一件事也很重要，保存自己的能量。我們的時代讓人精神振奮。人們在高強度下工作。但是每當夜晚降臨，工作之餘到來時，我們需要的是休息，而不是振奮。我們最優秀的銀行家們每天工作十四個小時，他們每時每刻忙碌不停。他們在乘坐電梯的時候、上下班的路上，甚至是馬不停蹄地從一個會議趕到另一個會議的間隔時間內，都得掌控安排跟人會面的時間。這些人工作壓力很大，他們沒時間到俱樂部裡、飯店裡、劇院裡去放鬆自己。

他們在家裡和辦公室間過著兩點一線的生活。他們利用每個假日和家人到鄉間去放鬆自己，這是他們唯一能讓自己疲憊的身心得到恢復的時候，也是唯一能讓他們重新獲得能量的時候。

一旦恢復能量，他們又精力充沛地投入到無天無日的工作中去了。

工作一天之後，體力工作者和腦力工作者都一樣精疲力竭。一天的勞累讓人的血肉之軀再也擋不住疲憊。不管是鐵路局的主管還是打零工的人，經過一天的工作，他們都需要足夠的休息讓自己恢復體力。

不僅如此，那些待在家裡讀書休息的人也並不是在白白浪費錢。當你晚上在家裡休息的時候，就把自己想像成世界機器上不可或缺的零件。你的作用和其他人的作用是一樣重要的。歐洲戰場上的戰事影響到了我們的國家和我們每一個人。

我們每一個人都更加努力地工作，更加努力地賺錢。我們成為了世界的一份子。如果世界的進程加快了，我們也要跟上它的步伐。

但是一個有頭腦的人會讓自己適應世界發展的步伐，讓自己的步伐保持平衡。因此，當世界的步伐突然停止的時候，他也不會感到不知所措。如果你拿著今天的收入卻意識到應該堅持祖先們的簡樸生活，那麼，你就會知道這樣做對自己的收入有什麼好處。

下面一段話是一個自出生以來就一帆風順的女人對所有的父母、女兒說的話：「如果一個女孩不懂得烹飪、烘焙、縫紉、購物、勤儉持家，那她就沒有結婚的權利。不管她要嫁的男人有多富有，她都必須懂得這些事情。」

為什麼這麼說呢？馬丁（Martin）夫人擁有一座大房子，手下有五個僕人。但她告訴我說，要是她母親以前沒有教她怎麼持家的話，她現在就不會把家管得這麼好了。

現在她知道什麼該做什麼不該做，所以那些僕人一點也騙不了她。她特別自豪地說，即使這五個僕人集體罷工，她也能立即圍上圍裙親自下廚，而且她做的飯菜還比僕人做得好。

第47課 存摺會帶給你尊嚴

「勇敢、沉著、莊嚴地前進，這樣就沒有人能擋住你的步伐。」

勇敢地前進就是說在前進的時候有把握，懷有自信。當今社會充滿個人競爭，要想贏得競爭，就得有勇氣、有自信。但是，我們經常把精力旺盛和忝不知恥等同於有勇氣。有些厚臉皮的人和有激情的人也會成功，但是真正成功留給那些有勇氣、有把握、有自信贏取勝利的人。

沉著地前進就是說不要過於激動，不要左顧右盼。沉著源自自己對事情的把握，知道自己走的路是對的並堅持走下去。莊嚴地前進就是說要有尊嚴，這樣就能贏得他人的尊重、吸引他人的注意。

一個有尊嚴的人會在成功的路上不斷前進。有尊嚴的人很容易就能穿過重重人海前進，其他人會自動退後為他讓路。有時候，人們會把尊嚴和自傲、自大、自負混淆起來。自大自負的人不會有尊嚴，因為他們的行為很可笑。

在事業上獲得他人尊重的人、在法庭上成功說服陪審團的律師、在演講中吸引聽眾的演講者，都是能勇敢、沉著、莊嚴地前進的人。一個人的尊嚴不是由他所處的社會地位決定的。

正如有人說：「真正的尊嚴不是由社會地位得來，也不會因為榮譽的消褪而失去。」對一個有能力的人來說，尊嚴不是靠地位得來的。

在我們國家最有尊嚴的職位是總統，歷史上有些總統的人格魅力為這個職位贏得了更多的尊重。但是「受人尊重的職位可以讓我們養成受人尊重的品行，如果讓我們坐在一個受尊重的席位上，我們會不由自主地按它的要求行事」。但是，金錢的力量能夠增加、提高人們誠實的勇敢、自信的沉著和真正感人的尊嚴。

當事業有成、充滿自信、收入豐厚的人走在大街上的時候，我們很容易地能把他們和那些入不敷出、沒有存款、所剩無幾的人區分開來。一個人的錢每多一點，他的自信就會增加一分，這樣他就能更冷靜地處理問題。

不斷地把賺來的錢節省下一部分來，讓自己的銀行存款不斷增加，這樣的人會變得勇敢、沉著、有尊嚴，因為他知道在周圍的人中間、在社會中，他的收入正不斷地增加。他的存款每增加一美元，都能增加他的力量和成功的自信。

錢不僅能讓我們的生活變得更舒適、更奢華，它還有別的作用。擁有錢，一個人會更有能力、步伐更有朝氣。

如果一個人身上有存款，他就不用對別人阿諛奉承、逢迎拍馬。甚至會有更多的機會獲得成功、贏得他人的尊重。

無論一個人收入多少，要是他無法存錢，就很難讓人相信他具有超強能力和判斷力的，不管他是向人兜售商品還是申請職位。

有一個地方的商人曾經說過：「亨利（Henry）在處理自己事情的時候都顯得這麼無能，恐怕他也不會幫我賺來什麼錢。」要想獲得成功，起碼要有成功的樣子。

但是，一件剪裁講究的衣服並不會給人帶來更多的尊嚴，而一本存摺則可以增加人的尊嚴。存摺能讓人時刻意識到自己正在通向成功，正在向前或向上步入下一個階段。

不管我們是賣東西、準備辯護案件、向銀行貸款還是求職，我們首先要做的是給自己準備點存款。

第48課　在繁榮面前保持節約之心

「錢包見空的時候才開始節約就太遲了。」

——塞內卡（Seneca）

「當人們面對命運和未來的時候是多麼盲目啊，當人們再面對繁榮的時候是多麼得意忘形啊。」

——奧維德（Ovid）

「錢包見空的時候才開始節約就太遲了。」這是古羅馬最有智慧的人路西歐．安尼奧．塞內卡（Lucius Annaeus Seneca）說過的話。

他出生於西元前。在兩千多年的歷史長流中，這句名言到如今還值得我們細細品味。

雖然塞內卡不是特別有錢，但他也不窮，而且很有能力。他是元老會的一名議員，還給尼祿（Nero，古羅馬暴君）當過一段時間的老師。他努力讓年輕妄為的尼祿接受自己的觀點，但是愚蠢的尼祿卻不願意聽從任何人的意見，包括塞內卡。

尼祿把自己的財富和國家的財富全部花在自己奢靡的生活上。他辦事粗心、毫不負責。史書上說他自己每天在拉小提琴中虛度時光，放任羅馬城淪為廢墟。他拉不拉琴倒是沒有關係，關鍵是他在虛度時光、浪費財富，讓一個強大的帝國走向衰亡之路。

過去幾年，我們享受的繁榮是古羅馬人所望塵莫及的。我們花在一個地方的錢比古羅馬人多了十倍不止。許多從來沒有接受過基礎學校教育的工人們賺的錢比當年的塞內卡還多。我們比塞內卡時代的羅馬人更肆意揮霍。有些錢我們花在正道上，但有些錢卻是浪費掉了。

齊默曼（Zimmerman）曾經說過：「在繁榮面前保持節約之心，這樣就不用擔心災禍的降臨。」顯然，有些人早就意識到了「錢包見空的時候才開始節約就太遲了」這句話的含意，並已經很認真地開始存錢了。

努力總是沒錯的，現在大多數人都在節約用錢，並且做得比以前更努力了。有些人確實認為他們目前省不下錢，因為生活花費太高了，因為他們的收入太少了。其實，能否節約關鍵在一個人是否有心節約。如果一個人節約的願望大過花錢的欲望，那麼他的存款就會不斷增加。

富人們都很節約，因為他們大多數人正是經由節約致富的，而且他們也知道節約能給自己帶來什麼好處。小康之家也很節約，因為他們也是經由節約達到小康的，而且他們正經由節約走向致富之路。窮人們也應該節約，因為我們都不願意陷入貧窮，而經由節約，大多數窮人都能在較短的時間內擺脫貧窮。

「對一個人來說，貧窮並不可恥，而從不努力去擺脫貧窮卻是可恥的。」

這是修西得底斯（Thucydides）在二三〇〇年前說過的話。不論是在他編撰希臘歷史的年代，還是在今天的社會，人類智慧的結晶都是一樣的。奧維德

（Ovid）生活在一九〇〇年前，但是他的思想和我們今天的仍然是一致的。

在耶穌（Savior，救世主）十歲那年，他說過的一句話，直到今天還廣為適用。

第49課 讓你的收入大於支出

「支出大於收入的人富裕不了；收入大於支出的人貧困不了。」

——哈里玻頓（Haliburton）

「與其說一個人獲得獨立是因為他賺得多，不如說是因為他需要的東西比較少。」

——科比特（Cobbett）

西元前二〇〇年，古羅馬的一位喜劇詩人在他的作品中哀歎懷念「舊日好時光」，就像今天的我們一樣。在描述羅馬城的時候，他寫道：「我多麼希望現在的我們能充分尊重過去的生活方式和過去的節約方式啊！」

西元前四五〇年，雅典最富有的人是卡里亞斯（Callias），在他的孫女和當時最偉大的政治家和戰士亞西比德（Alcibiades）結婚時，他給了他孫女鉅額的財富作為嫁妝，此舉震驚了全國。你能猜出他這份豪華的結婚禮物是多少錢嗎？一萬兩千多美元！在我們國家，如果誰的女兒要嫁給一個特別出色的男人，有好多人都能置備得起一萬兩千美元的嫁妝。

德摩斯梯尼（Demosthenes）是古希臘最著名的雄辯家，他和他母親、妹妹一起生活，據記載，他們家的年收入扣除房租後，折合美元是一百二十美元。他的父親是個商人，給他留下了十四個泰倫（Talent，古希臘貨幣單位）的遺產。這在當時算得上是很可觀的一筆財富。一泰倫折合現在的一千二百二十五美元，所以擁有十四泰倫的人就有一萬七千美元的財富，算得上是富人了。

當然最富有的人還是卡里亞斯（Callias）。他的財產是二百泰倫，大約是二十四萬五千美元。有人或許會說，這算不得什麼，現在美國百萬富翁多的呢。但是，在西元前，一個泰倫帶來的利息大約是十七美元，單這一筆錢就夠一個人一年的花費了！

十二世紀的時候，歐洲的生活物品全面漲價了。即使在那個時候，一個農場加上三四馬駒、二十頭牛、兩百隻羊一年的租金也不過是五十美元。雇用一個臨時收割工人一天只要四美分。英國上議院的大法官（Lord High Chancellor）一年的收入大概是二百美金。一年二十四美元就可以算是豐厚的收入了，一天的平均薪資是三美分。

十五世紀的時候，物價進一步上漲。那時候，一雙鞋子或一車木頭的價錢是七美分，一頭肥羊的價錢是十九美分。一八一二年的戰爭結束後，一雙鞋子在美國的價錢漲到了一．二美元，農場工人一個月的薪資是十二美元。一八七七年內戰結束後，一磅的火雞肉值九美分，早餐吃的鹹肉一磅是六美分。那時候，一天一．五美元的收入還算比較可觀，一個月五十美元的薪資算的上是高收入了。生活開銷最便宜的時候，人們的財產也是最少的。

財富是隨著物價的上漲而上漲。今天一隻雞的價錢是一．五美元，過去只要一美分就可以了。但是今天普通人的生活卻比過去的帝王還要好。人們賺錢、有錢，他在考慮錢的時候，想的都是數千美元的錢，而他的祖先們則天天圍繞著幾美分的小錢打轉。

把今天的水泥匠生活和五十年前的水泥匠對比，再和一百年前的對比，你會發現，現在的水泥匠，他的銀行存款甚至比一百年前的許多王子都多。

如今一個普通婦女每個月存到銀行裡的錢都比一兩個世紀前愛德華四世國王（King Edward the Fourth）聰明的女兒一個月的宮廷消費都多。

第50課　年齡與財富的關係

「年齡和青春一樣，都是一種機會，只是表現方式不同罷了。」

「一個老人除了年齡外，沒有其他東西能證明自己活了這麼多年，沒有比這更恥辱的事情了。」活了多少年並不是說過了多少年，它意味著一個人變得對事情更有把握、判斷力更強、生活閱歷更豐富、更能預見未來的變化。

一個人到了五十歲的時候，他就不再追逐著生活的腳步拚命趕了，而是追求「一些強烈的本能要求和平凡的規則」。到了這個年齡，他懂得了自己不能坐到一旁休息。他必須繼續前行，不論他已經走了多遠的路，不論出發時陪伴自己的夥伴還剩下多少。

一個人在四十歲以後才能展現他最好的工作狀態。莎士比亞（Shakespeare）最好的喜劇大多數都是在他四十到四十七歲之間完成的。凱撒（Caesar）在他四十四歲的時候開始了他輝煌的軍事生涯。舉世聞名的藝術家提香（Titian）活了近一個世紀，他最優秀的作品大多都是在晚年完成的。坦尼森（Tennyson）最優秀的詩歌《渡過沙洲》（Crossing the Bar）是在他八十一歲的時候發表的。

史上最偉大的哲學家大多的思想、智慧、哲學思辨都是在他七十歲前不久才展現的。格拉斯通（Gladstone）在七十歲的時候才開始學外語，在八十四歲的時候他覺得他有能力把自己的餘生奉獻給自己鍾愛的研究，於是他投身於此並成為一派的代表人物。

維吉爾（Virgil）在四十歲以後才開始寫《埃涅伊德》（Aeneid），這是有史以來最優秀的敘述詩，是不朽的作品。他此前的作品水準都遠不及此。克萊蒙（Clemenceau）總理在應邀回法國領導抵抗運動的時候，也是七十八歲高齡了。他的年齡越是增加，他的精力越是旺盛、思維越是清晰。林肯（Lincoln）在五十一歲的時候智慧達到頂峰，並成為美國總統。此前，他是一名律師，一名優秀的律師。但那時候，他也只是初現後來拯救了國家的才華。

在一個人一輩子過完之前，沒有人能預料他的成就。一個人年紀大的時候，他的判斷力和閱歷都比較成熟。

這時候他們就有更多的空閒時間（不用再埋頭求取金錢了），讓自己全身心投入到自己喜歡，而現在又沒有時間做的事情中去。現在，他們的任務就是賺錢、存錢。但是，好多急躁的商人們卻把存錢的事情拋到腦後。

第51課　勤奮總能帶來財富

「勤奮總能帶來財富，不管你是推小推車的還是開豪華汽車的。」

「一個有決心、有基礎的年輕人，其前途是不可限量的。」

在孩子還小的時候，我們就應該讓他們知道他們有一天會被迫獨立生活。在他們獲得第一分錢的時候，就應該讓他們懂得只有做了別的事情，才能得到錢作為獎勵，錢不是得來的禮物，沒有付出相應的工作是得不到錢的。

讓孩子們知道「生活簡單、精力充沛，在解決困難中尋求激情，在剛強中表現柔韌」也是十分重要的。「滑鐵盧（Waterloo）之戰的勝利始於英國的運動場上」，因為正是在運動場上，年輕人鍛鍊出了自己結實的肌肉、堅強的意志、自律服從的品質。

這樣，他們後來才能在戰場上拯救自己的國家。孩子們在運動場上首先學會服從。球隊的隊長需要隊員的服從，老師需要學生的服從，老闆需要員工的服從。

當多愁善感的母親想要告訴她的孩子要追求安逸生活、奢侈消費、揮金如土的時候，我們應當告訴她，安逸的紳士和游手好閒的人之間唯一的差別在於他們是否有錢。他們的地位是一樣的，他們都喜歡軟弱消極的享受，他們失去了追求有價值的東西的願望和能力，他們也失去了使自己成為有價值的人的願望和能力，他們甚至失去了享受自己所選擇的生活的能力。

「要一個聰明、敏感、優雅、溫柔的孩子，還不如要一個堅強、身體強壯、意志堅定、充滿勇氣的孩子。」孩子應當學會主動，學會用自己的判斷力做出決定，勇往直前並勇於承擔一切結果，即使結果不好，也不會哭哭啼啼。對孩子最好的磨練就是犯錯誤。

在操場上，犯錯誤的小孩就會受處罰。在生意場上，犯錯誤的人也要付出代價。學會自我保護的孩子長大後就會解決困難。他們找到解決問題的方法，並享受問題解決了的自豪之感，他們學會了抵抗就是力量。

讓孩子們學會抗拒脆弱和軟弱，抗拒花錢的欲望。一個揮霍、身心懶惰的孩子會一事無成。其他的孩子則會邁向名利和財富——「我們要的就是這種孩子」。

下面這個故事說的是休．查默斯（Hugh Chalmers）的故事。他十四歲的時候在國家收銀機公司（National Cash Register Company）當小職員，一天中午，一個客戶走進了辦公室，但是那時候銷售人員們都出去了。其實，也不是所有的銷售員都出去了，還有一個在呢。他就是休．查默斯，一個十四歲、沒有絲毫經驗的銷售員。其他人回來的時候，他們驚訝地發現，這個小孩居然簽下了一大筆訂單。休．查默斯的事業非常成功，到了二十九歲的時候，他的年薪就高達七萬二千美元。在他每週還只有五美元收入的時候，他就開始存錢了。他把自己的家用降低到一個適當的標準，開始累積資本。

阿爾伯特・哈伯德（Elbert Hubbard）的傑作《致賈西亞的信》（A Message to Garcia）是在他一天的工作後寫就的。我們大多數人在一天工作完成後就躺下休息。或許那就是我們現在沒有多少傑作的原因。

戈登・塞爾弗里奇（H.Gordon Selfridge）是倫敦著名的商人，他出生於美國威斯康辛州的瑞盆市。他說，工作教會了他「辛勤工作是必要的，辛勤工作也不需要同情，辛勤工作應該受人尊敬。

財富正是靠辛勤工作的雙手和大腦得來的」。人們應該慶幸自己早日意識到滿足於閒散的生活的態度是不對的。人們要「愛上工作帶來的幸福」，並愛上他們經由存錢帶來的財富。

第52課 錢的實質是一種交換

「你花錢的時候，你就永遠地失去了這一部分錢。」

——阿農（Anon）

「驕傲讓我們付出的代價比饑渴、寒冷還要多。」

——傑弗遜（Thomas Jefferson）

「智者們的箴言就像黃金和鑽石一樣，都有巨大的價值。」

——泰洛特森（Tillotson）

人類是唯一一種會交換的動物，其他動物都是靠掠奪或偷竊得到想要的東西的。當人們第一次開始用虎皮去換項鍊，而不是直接把戴項鍊的人殺死的時候，就成為真正意義上的人了，成為萬物之首了。也正是在那一天，產生了錢的概念。一切可動產或不動產的代表都是錢。

在世界歷史上，好多東西都發揮過錢的作用。鹽、棗核、橄欖油、大米，這些東西都曾被當作錢使用。即使在今天，在中非的一些原始部落中，人們仍然把牲口當作錢。根據實際情況，一輛馬車或一個女人的價錢分別值兩頭牛或二十頭牛。在愛斯基摩人的聚居地（Eskimoland），鐵製魚鉤就是貨幣。但是因為這種魚鉤特別少，一個人要有四十個魚鉤就是富人了。

最廣為人知的例子就是《魯濱遜漂流記》（Robinson Crusoe）中所描述的故事。幾乎所有的人都讀過這個故事，也對主人翁在那孤島上求生的創造精神印象深刻，這個富足的孤島為魯濱遜提供了足夠的食物和藏身之所，雖然他也會病倒，會老去，連食物都拿不動。但是，很少人知道，魯濱遜的創造者、小說的作者笛福（Danial Defoe）發明了銀行。

事情是這樣的：「十七世紀的時候，因為人民大眾一貧如洗，歐洲大陸上不滿的呼聲越來越高，犯罪率也越來越高。普通人身無分文，他們也不可能存下什麼財產。在眾多想解決問題的人中，笛福提出，要是人們能夠存點錢、擁有點財產的話，他們就會成為遵紀守法、自覺自律的好公民了。

所以，在一六八九年的時候，他制訂了一個計畫。只要按計畫施行，工薪階層們也可以存下一點錢，然後把錢用於投資。這個計畫非常成功，在接下來的幾個世紀中，好多投資機構如雨後春筍般地出現了。它們大多數設在德國和瑞士，後來英國也出現了許多。」

魯濱遜是個很好的例子，他證明了不管面臨怎樣的困難，節約和勤奮都能幫人擺脫困境。在孤島上的時候，魯濱遜要把食品和衣服儲存起來以備將來之需；

而我們現在只要把錢存起來，因為錢能讓我們一輩子都活得舒適、安逸。我們國家的繁榮正是受益於笛福的第二個成就——儲蓄銀行的創辦。

實際上，銀行給人們提供了方便和利息，讓人們把錢存在安全可靠的地方，讓每一筆錢都給自己賺利息。

我們每個人都有自己的才能。我們每個人都願意工作。但是，除非趁早存錢，否則就算做到十指僵硬，到了老年的時候依然是貧苦不已。美國最富有的女人之一自己開創了自己的事業，在事業上，她的才智絲毫不遜色於男人，她獲得了巨大的財富。

有人問她說為什麼要這麼操勞賺錢呢？她說：「我擁有自己的事業，因為這樣我能讓自己存起來的每一塊錢都得到百分百的回報。」要是大家都像她那樣的話，現在就不會有那麼多的人整天抱怨日子不好過，生活開銷大了。

紐約一位身價百萬的鰥夫住在一座豪華的房子裡，家裡雇有很多僕人，但是他依然反對無謂的浪費。一天早上，僕人給他送來了咖啡，他端起咖啡壺，覺得咖啡壺特別重。於是，他叫管家拿幾個杯子過來。他把杯子擺在自己面前，一杯杯地滿上咖啡。他足足倒滿了六杯。他指著杯子嚴肅地對管家說：「你明知道我早飯只喝一杯咖啡，卻泡了六杯，那五杯都浪費掉了。以後不要再發生這種事了！」

資本從本質上說，就是你的收入和支出之間的差額。真正的經濟之道不在於完全抹煞支出，而在於更小心地花錢，有目的地花錢，讓錢發揮最大的作用。

第53課 沒有什麼比貧窮更令人成長

「我認識的好多人都有雄心，但很少人付諸實踐。」

「沒有什麼東西能比貧窮更能令人成長的智慧了，因此，許多偉人都出自困境。」

「鹿皮」，這是八年獨立戰爭時期，歐洲人賦予喬治・華盛頓（George Washington）的稱號，在這八年間，他鍛鍊出了美國人的鐵骨。甚至站在人生巔峰的拿破崙都不無羨慕地說道：「華盛頓啊，他太有名了。作為一個強大帝國的開創者，榮譽將永遠伴隨著他，而我的名字則會在革命的洪流中消逝。」

「鹿皮」出生於維吉尼亞州的種植園。他十歲的時候，父親去世了。那時，他就意識到，他在世上的道路得靠自己的努力去開創了。從那時起，他就顯示出了極大的天賦，這種天賦在多年後讓他引導美國走向了獨立。

還在農村上學時，他就把同伴們組織成兩個團隊，其中一個由他領導，另一個由一個叫威廉·巴斯特爾（William Bustle）的男孩領導。他們把玉米稈當作步槍、葫蘆當作戰鼓。長大後，他喜歡上了劇烈的運動。他跑得像印第安人那樣輕快，他能很輕鬆地把石頭丟過河，他的劍術精妙無比。

這個十歲的男孩不斷地磨練自己，讓自己的身體變得更加強壯，以便將來為國家效力的時候，他也不忘增加自己的知識。從那時候開始，他就在繆斯（Adjutant Muse）的教導下努力學習，他學習如何管理軍隊，學習手工製作。

在華盛頓二十歲以前，他從來沒有去過五千人口以上的城鎮。他在母親的種植園裡工作。後來，他為做調查進入原始森林。在那裡，他向伐木工人學習，這時期的知識對後來在與印第安人的長期戰爭中管理自己勇敢但人手不足的軍隊十分有幫助。在那場戰爭中，他守衛的防線長達三百六十英里，但只有七百個士兵防守。

有一個著名的印第安人首領被抓後經常說道：「華盛頓永遠也不會被子彈射倒，我對著他開了十七槍，但是一槍也沒打中。」

華盛頓不凡的軍事策略、強壯的體魄、陽剛的氣質和豐富的知識就很受人關注。在他二十歲，還是一個農村青年的時候，他就成為維吉尼亞駐軍的副官了。他的年薪是五百美元。這筆錢讓那些為賺幾個錢而成天躺在樹林的積雪上觀察的年輕觀察員們羨慕不已。

對那些人來說，人生唯一的樂趣就是想著明天他們就能收入一個銀幣了。

「鹿皮」是個很節儉的年輕人。他為自己誠實工作所得而感到高興。他不是一個盲目的探險者，而是一個為金錢、名利或其他實實在在的目標奮鬥的人。

當大革命第一次影響到殖民地的時候，班傑明．富蘭克林（**Benjamin Franklin**）就公開說：「太陽落下去了。現在是點亮工業、經濟蠟燭的時候了。」最先點亮這支蠟燭的人正是華盛頓將軍，當時他是軍隊的領袖。

從那時候起，他個人就不取分文為國家做貢獻了。在八年的戰爭中，他的軍隊只花了六千二百美元的軍費，這些都要歸功於他年輕時候學會的經濟之道。

在那段黑暗時期，美國軍隊不斷後退，從休士頓河到新澤西州，經特拉華河退入賓夕凡尼亞州。

那時候，他手下的一位將軍質疑道：「我們到底還要退多久呢？」華盛頓回答說：「要是沒有更好的選擇，我們會退過美國的每一條河流、每一道山脈，直到我們抓住機會一舉擊潰敵人。」

在革命成功的前夕，軍隊正因為議會不給他們發放軍餉、軍糧和衣物而怒火中燒，他們決定要推翻議會，推選自己喜歡的領袖——華盛頓——做美國的元首。人們把桂冠擺到了他面前。他知道自己一手創建了這個國家，而且他能把這個國家帶到別人所不能帶到的領域。

但是，在眾人的齊聲建議下，他感到惶恐了。他召集了自己的部下，壓制下了軍隊的騷動。「勇士們！你們的努力創造了輝煌，但是前方還有更耀眼的輝煌等著我們去創造。我們戰勝了敵人，這是我們的榮譽；現在，我們更要戰勝自己，這是更大的榮譽。」他的這些話就像軍號一樣響亮，久久迴盪在人們的耳邊。

華盛頓娶的是維吉尼亞一位富裕的繼承人，他成為巨大財富的主人。但是，他從來沒有放棄年輕的時候學到的花錢方法和經濟之道。

有一個作家在寫到他的時候這樣描述：「他時時處處注意節約。他親自打掃鵝棚、親自收割小麥、親自去殼、親自照料跛了的馬、親自蓋鐵具店，並且仔細記錄他的磨坊打磨一蒲式耳的玉米要花多少時間。

有時候，他一整天都坐在家裡，計算各方面的事務，親自打理自己的書籍……對他來說，沒有什麼事情是完成不了的，因此，也沒有哪個工作是微不足道的。」

第54課 最大的成功並不是偶然獲得的

「要獲得事業的成功，就必定要遵循常識。雖然我們不斷地說什麼運氣之類的因素，但是人生最大的成功並不是偶然獲得的。」

「好多人因為習慣於吐口水而失去他們原有的社會地位。」

「年輕人，不要害怕。你只是偶爾犯錯誤，而且大多數錯誤都是因為你的熱心和誠心才犯下的。」

——比林斯（Josh Billings）

——比林斯（Josh Billings）

倫敦有一個出生於遙遠的波羅的海的人。他是兩家豪華飯店的主人，據說他的收入有二十五萬美元之多。他獲得了成功，但這並不是因為他比別人聰明，也不是因為他的運氣比別人好，而是因為他深知貢獻的重要性。

舊世界的人們在多年的經歷中已經懂得了貢獻的重要性，但是大多數美國商人和他們的職員都沒有意識到這一點。雇員們工作時漫不經心、態度冷漠、粗心大意，他們對自己的老闆、對自己就職的企業沒有絲毫的忠誠。

這就是為什麼他不能發揮自己的價值、稍受挑撥就會被開除的原因。他並沒有意識到，今天別人的事業或許有朝一日會變成他自己的事業，他也沒有意識到他可以經由努力從最底層爬到頂層，他現在為晉升所做的每一個努力都是為自己而做的努力。

最普通的工廠也是訓練人勤奮和貢獻意識的好地方。因此，把一個日薪兩美元的起重機工人培養成了伯利恒鋼鐵公司（Bethlehem Steel Company）的總裁。

史瓦布（Charles M. Schwab）在買下伯利恒鋼鐵公司的時候，他知道建立最好的企業，就要培養自己的人才；他知道要充分發掘自己員工的能力；他知道「人生最大的成就來自自己的習慣——不斷擴大自己人生軌跡的習慣」。

因為突出的貢獻，伯利恒鋼鐵公司的一百多位員工被授予了Pin Society的鑽石十字架作為獎勵。這是世界上同類獎項的最高獎。不管是錢、動力、智力還是出身，都不能幫人得到這個獎。只有貢獻、為伯利恒公司做出突出貢獻，才能獲得這個勳章。

有一個獲獎的人剛開始是在鋼廠裡當速記員，他現在已經成為副總裁了。還有一個是大學生，但他是從鍋爐房工人做起的。還有一個人也是上過大學的，但是他剛開始的時候也是在煉鋼廠做體力工作。從最低階的體力工人到大學生（他們忘記自己的學歷，穿上工人的服裝），正是他們付出的心力讓他們成為這個大企業的管理者。

但是，在這個數千人的企業中，還有那麼多人看不清這一點，所以永遠都擺脫不了碌碌無為的境地。

在工作中，貢獻能給你帶來什麼好處呢？不管你是老闆還是雇員，貢獻給你帶來的是你長久以來孜孜追求卻得不到手的東西。

要改進自己的作法。有個人抱怨說：「我都盡了自己最大的努力工作，我做的工作再多不過了。」他的妻子說：「啊！我可沒看出來啊，你工作懶散，沒有成效，但也不能藉口說燈油不好、燈心粗劣、煙囪燻人啊。」

如果你沒有做到最好，那麼受貶的時候就不要抱怨不休。記住這句話，自己仔細體會：「做得最好的人才會寵辱不驚。」

每時每刻都不要忘記貢獻。注意儀表、健康和習慣，保持平靜的心情，在銀行裡存款，打高爾夫球或橄欖球——這些都屬於能幫你向上爬的條件。

如果你滿心憂慮，你就沒法為他人做貢獻。正是憂慮扼殺了一個人和他的工作，而不是工作本身。不要賺多少錢就花多少錢。把一部分錢存起來，這樣你晚上就能睡得安穩，即使有突然花費的情形，也不會感到驚惶失措了。

第55課 善於賺錢，不如懂得花錢

「早在七年前我就發現，倒退十步比前進五步要容易得多。」

——比林斯（Josh Billings）

如果一個人在某件事物上花的錢比別人多，那麼他不是缺少社會經驗，就是沒有常識。善於賺錢，不如懂得花錢。那些富豪們的經驗很值得我們學習。從他們身上，我們可以學到如何學會花錢，並讓每一分錢、每一秒鐘、每一滴能量都能獲得百分之百的回報。

美國中產階級浪費掉的食物足以養活一半的歐洲人。隔夜的食物和過時的服裝隨意丟棄到垃圾桶裡或賣給收破爛的人。就這樣，我們把錢白白地丟掉。

但是，絕大多數的浪費都是因為那些沒有什麼財產的人。這聽起來可能有點讓人難以置信。這些人瞧不起小錢，蔑視節儉的生活。他們愚蠢地認為，揮霍能讓他們顯得更富有些。

如果這些人熟悉那些白手起家的百萬富翁的話，他們就會發現，他們自己家裡，從一把熟扁豆到一度電，每一樣東西都能省下錢來。在持家的時候，我們也要遵守經濟之道。生意場上，遵守一定的規則就能轉虧為盈，這些規則同樣適用於持家。

對一個男人來說，學會花錢就是：

用旁觀者的眼光審視自己的家。有哪些事情是你自己能處理卻花錢請別人來做的，這些事情可能是你自己的習慣，也可能是請人照看你的家。如果你要買新東西，千萬不要和鄰居家的東西進行攀比，而是購買能滿足你所需要，能讓你感到舒適、方便並花錢最少的東西。要記住鄰居們會不停地告訴你要怎麼生活，要買什麼東西，那是因為花的不是他們的錢，所以他們不心疼。

對一個女人來說，學會花錢就是：

學會管理自己的廚房。買東西的時候要買物美價廉的，煮飯的時候要搭配得當。這樣花最少的錢就能滿足全家人的營養需求。讓你的孩子學會自己賺錢，自己學會做衣服、縫帽子。如果你在學習這些事情的時候，和你學習高爾夫球、橋牌、編織一樣努力的話，就一定能有所收穫。學會如何生活，這是人生的首要事情，但是大多女性都認為生活是女人天生就會的，就像鴨子生來會游泳一

樣。學會用經濟之道持家。持家就像做生意一樣，它花費的精力、智力絲毫不比經營一家商店所要的來得少。持家是否有道，決定了你的家庭是會走向興旺還是破敗。

「能控制自己花錢的欲望，就一定能獲得回報。」

我們國家最富有的人之一在北卡羅萊納的小鎮去世了，紐約的商界為之震撼。生前，他的年收入高達五萬美元，但是他一年只花幾百美元的錢，然後把剩下的錢全投入事業中。後來，他把自己的公司賣了，得到七百五十萬美元。

他的信念就是：「當年輕人問我怎麼成功的時候，我就對他們說，不要亂花錢，除非有一天你不再需要錢來擴大你的事業了。只要願意付出代價，就能獲得成功。」

「生活就是打拚。我們最大的敵人就是自己的習慣、自私、好逸惡勞。要戰勝這些敵人，就要有拚鬥的精神。如果一個人放棄拚鬥，那麼他就沒有生存的意義了。經由拚鬥，一個人可以從戰場上獲得成功，同樣地，也能獲得事業的成功。」

第56課 找到屬於你的致富之路

「有成就的人在採取行動前不會花時間來確定這件事情。那些能充分發揮自己的判斷力，並堅持實施一件事的人才會獲得最後的成功。」

——阿農（Anon）

「在自由公正的國度內，財富自然會從游手好閒的蠢人手中跑到勤奮、勇敢、節儉的人手中。」

——愛默生（Emerson）

有些人想要找到一種固定的模式，只要遵循這種模式，任何人都能獲得成功。但是，他卻忘記了，世上最強大的力量就是大自然。每個人都得找到大自然為他設定的路線，並沿著這條路走下去。

鼴鼠走的路是大自然為設定好的，松鼠走的則是另一種路。牠們走的路各不相同。但是，我們並不能說因為鼴鼠不會爬樹、松鼠不會掘洞，就說牠們都是失敗的動物。

輪船在陸地上寸步難行。同樣，要讓一個人走另一個人的成功之路也是愚蠢想法。

動物有不同的種類，同樣，人類也有不同的種族。差別在於，動物靠自己的本能生存，而人類並不總是服從於自己的本能。這即是為什麼有這麼多失敗的人，明明大自然賦予他的是「掘洞」的本領，他卻非要去「爬樹」。

沒有誰生來就是失敗者。人們失敗是因為他們看不清自己的路，而這條路本來就握在他們自己的手中。如果一個人忽略自己的道路，一心要走別人的路，那麼他注定會失敗。

密西根州(Michigan)的一位參議員，最早的時候，他是賣玉米花的，同時也兼賣報紙。後來他在一家律師事務所打雜。

那時候，他天天在大門口接待客戶，但是，他也不忘學習法律知識。在二十四歲的時候，他成功躋身律師界。這就是他的成功之路，他找到了自己的道路。他並沒有一味等待輕閒工作，而是牢牢抓住身邊的機會。經由他的努力，成功的大門終於向他敞開了。

好多年前，在伊利諾州（Illinois）的一個小火車站上有一個打雜的十歲小男孩。他利用業餘時間學習電碼。他十三歲的時候，就成為一名正式的發報員了。三十八歲的時候，他成為一個鐵路公司的總裁。

在他死的時候，已經是加拿大太平洋鐵路公司（Canadian Pacific Railroad）的總裁了。他的財產高達二百萬美元，被授予爵位，人們公認他為世界上最優秀的鐵路公司主管。他並沒有一生等待「機會」的到來。就像鼴鼠一樣，他從身邊擁有的東西開始，堅持走自己的路。

最重要的是你要著手去做事情，不管你是從何起步，只要你開始做了就可以了。世界上最好的學校就是與人交往。

總有人會為挨家挨戶推銷雞蛋攪拌器的年輕人開門、每天上學前幫藥店做清潔的孩子正在學習做生意的規則，學習錢的作用和價值，懂得做任何事情都要有錢。他也懂得了任何人都可以賺錢。要想把錢存下來而不是把它們花掉，並不是一件很困難的事情。

錢好比潤滑油，它能讓發動機停止轟響，運作輕快。詹姆斯・希爾（James J. Hill）的兒子剛開始的時候是在大北鐵路公司（Great Northern Railroad）當軔手。他工作做得十分出色，被提拔為總工程師。受提拔之後，他的老闆才驚訝地發現，他是西北部最有錢的鐵路公司老闆的兒子。

范德畢爾特（Cornelius Vanderbilt）當過消防員，一做就是兩年。然後，他發明了現在發動機上廣泛運用的燃燒室。他工作比誰都努力，而且他也十分自豪自己能成為一流的消防隊員和節儉的人。

第57課 不管做什麼事，都要把它做好

「有一種祈禱總能得到上天的回應，那就是工作者的祈禱。」

「遵循經濟之道並不可恥。省吃儉用總比入不敷出的好。」

——愛默生（Emerson）

「有優點的人從來不會被埋沒掉。一個人如果不能成功，那是他自己的原因。」

薩姆・詹森（Sam Johnson）博士這樣說道。他的朋友很多，包括從歐洲最偉大的人到倫敦碼頭上的搬運工種種的人。他自己來到倫敦的時候，身上只有一張錢幣，這是他所有的財產。

有好多個夜晚，他都在倫敦的街頭遊蕩，因為他沒有地方落腳。那時候正是十八世紀三〇年代，但是，他經由寫作成功地找到了前進的道路，他成了那個時代文壇的代表人物，他智慧的光芒一直流傳到了今天。

《魯濱遜漂流記》的作者是屠夫的兒子，沃西主教（Cardinal Wolsey）的父親也是個屠夫。《天路歷程》(Pilgrim's Progress)的作者班楊（Bunyan）是個補鍋匠。蘇格蘭詩人羅伯特・伯恩斯(Robert Burns)是個臨時工。庫克（Cook）亦如此，但他同時也是一名偉大的航海家，他率隊進入渺茫的太平洋的壯舉被認為是十八世紀的奇蹟之一。

《拯救未來》（The Spirit of 76）的創作者威拉德（Archibald M. Willard）是個油漆匠，也是個內戰的退伍老兵。他藝術方面的大多知識都是自學得來的，有一小部分是一個鄉村畫匠幾個星期的指導得來的。湯瑪斯・愛迪生（Thomas Edison）剛開始的時候是鐵路報童和鐵路發報員。

蒸氣機的發明者詹姆斯・瓦特（James Watt）是在他父親科學儀器店裡的氛圍下成長的。他身體虛弱，但是他從來沒有放棄設計自己的蒸氣機。同時，他還得養家餬口，只要是合法工作所得，他什麼工作都做，包括製作修理科學儀器、樂器，勘查道路、監管運河等等。多年以後，當他向世界宣告他的發明的時候，他這樣說道：「先生們，我賣的是全世界人都想要的東西——能量。」

這些人的處境和千千萬萬的人都一樣，但是，他們卻能從困境中走出來，而其他人卻從來沒有為改善自己的境地而做出必要的努力。

有一個主教年輕的時候曾經賣過蠟燭，當一個領主因為這個而羞辱他的時候，他回答道：「要是你出生的環境和我一樣的話，你到現在也不過是個賣蠟燭的。」

大衛爵士（Humphrey Davy）是礦工安全燈的發明人，他原先是個赤腳醫生的徒弟。在他名利雙收之後，他這樣說道：「我現在的一切都是自己努力得來的。我並沒有自誇，而是很真心誠意地說。」

工作可以檢驗人。一個為自己生活奮鬥、不斷存錢的人會抓住能使自己通向成功的力量。「不管你現在做什麼事，都要把它做好。」

富人比窮人更注意節儉。正是因為缺乏節儉，富人不能變得更富，窮人變得更窮。富人，尤其是一直都很富裕的人，是不會因為節儉而感到羞恥的。或許你一頓早餐花的錢比拉塞爾・塞奇（Russell Sage）一頓午飯花的錢還要多。

有一個百萬富翁和他的下屬都是在一個廉價的地方吃午飯。服務員把帳單擺在一起。這個富翁掃了一眼他們的帳單發現，他自己只花了三十五美分，但是他的下屬卻吃了九十五美分。

於是他說：「Hollis，要是我有你的胃口而你有我的錢的話，我們倆都會很快破產的。你恐怕是太奢侈點了。」奢侈的生活讓人不幸、貧窮，勤儉節約則可以帶來幸福和富裕。選擇權在你自己手上。

第58課　通往富裕和幸福的道路

「好多人永遠也不會知道，要是他們一開始就不浪費的話，他們的生活會是怎樣。」

——司布真（Spurgeon）

我們說了好多名人是怎麼勤儉節約、努力上進的。但是這並不是說這些人就一定比別人聰明。像愛默生、詹森、司布真這些人，他們只是知道如何表達自己的觀點，讓任何人在任何情況下都能接受自己的觀點。這些人中，或許有些人並沒有過簡樸的生活，但是，他們可以給別人指出通往富裕和幸福的道路。

不管我們賺的錢有多少，我們為節約付出的努力都是一樣的。如果所有人的收入都增加了，那麼物價也會上漲，因此我們想要節省下四分之一的錢，所要花的心思和以前是一樣的。即使現在的收入比原先提高了。

致力節約之道、存夠足夠的錢，是保證我們晚年生活能夠獨立、平靜、舒服的唯一方法。我們上文提及的司布真，他一直活到一八九二年。如果他能再多活一年的話，就能親眼驗證自己的話是多麼富有真理了。因為在一八九三年發生的事情，讓無數的人意識到自己過去太浪費了。

我們經常歷經好幾年的時間奮鬥，才讓自己爬到一個職位上，賺到自己想要

的錢，但是，錢一到手，我們又把它們胡亂地花掉了。賺錢的時候，我們要做好多的準備工作，付出很多的努力；但是在花錢的時候，我們要費更多的心思和計畫。

在這個高薪資、高物價的時代，生活開銷的確比較高。但是我們個人的生活開銷是可以自主決定的。

塞內卡（Seneca）曾經說過：「我們有許多人不靠自己的理智去判斷如何生活，而是緊隨他人的步伐前進。」

大多數人的財富是經由理智消費、仔細規劃生活得來的。只有很少的人是繼承遺產變富的，也只有很少的人是經由投機取巧致富的。富人們之所以富裕，是因為「富人們都很節儉」。

有些報紙最近報導說，在戰爭期間，有一個最富有的包裝公司的主人，極力克制著自己買新衣服的欲望。雖然這個包裝公司主人繼承了一大筆錢，但是經由合理的經營和正確的消費，他大大地增加了父親留給他的財富。

他父親家有六個兄弟。一八五一年，他父親離開了紐約州的農場，花了六個月的時間徒步走到加利福尼亞州。在加利福尼亞的時候，他在一個礦裡工作、存錢。五年後，他來到了密爾瓦基市（Milwaukee），在加工廠裡找到了一份工作。芝加哥大火那一年，他成立了一家包裝公司，並把它建成世界上最大的包裝公司之一。他當初離家出走，是因為家裡的農場養不起六個孩子。他創業的時候，手上的資金甚至不夠在一家豪華飯店裡吃一頓飯。

在六十九歲他去世的時候，他留下了好幾百萬元，興建了一所高等學府，他一生捐贈禮物和慈善款不計其數。一個我認識的男孩曾經問過他是如何獲得成功的，他說：「誠實守信、勤奮努力、勤儉節約，這樣，你就能成功。」

第59課 挑選能幫助自己的人

「我多麼希望自己每年有六百英鎊的收入，有漂亮的房子招待朋友，有條小河在花園的一角。」

——喬納森・斯威夫特（Jonathan Swift）

有一個蘇格蘭人擁有好幾艘輪船，他用輪船運載鋼材和石材。他的事業做得很大，也很成功，這是因為他知道如何挑選能幫助自己的人。**拿破崙曾經說過：「我是在泥濘中訓練出我的將領們。」這個蘇格蘭人雖沒有這麼說。**

但是，他也是從為他工作的人裡面培養出自己的管理人員，這些人剛開始的時候，一般都是做些最微不足道的工作。

這些人的能力是經由與有能力的人合作培養出來的。有一個人剛來這個鋼鐵公司的時候，只是一名起重機駕駛員，每天領兩美元的工資。但是這個起重機駕駛員每天留心觀察他的上司，注意他的做事方法，關注經理並盡可能注意他的處事方法。而現在，他已經被培養成一名最高級的決策者了。

經由他的觀察，他看到了並模仿上司的工作方法——他看到了責任和負責任的態度。他學會了上司們的處事方法，自己也很快地晉升了，他的思想觀念由此發生了巨大的變化，隨著他逐漸地成長為企業的一份子，他的視野也轉向了更大的事業成就。

過去他是一個工人，但現在，他是一名資本家了。

資本家和勞力工人的區別在於前者每天都把錢存一部分下來，不斷累積本行業知識，而後者則賺多少花多少，不求上進。

據估計，我們國家有二十萬二千名百萬富翁，其中至少有一萬七千人是經由自己雙手工作致富的，而現在，他們更經由自己的智慧和金錢賺錢，成為資本家後，賺錢就會容易得多了。可惜好多工人永遠都成不了資本家。

所有有資格的人都可以參加這場競爭。這個資格就是誠實、堅定、願意付出和收穫。

獎品也不是百萬美元的獎金，而是個人的獨立。如果一個人擁有了健康、工作、理想，那麼成功之路就為他開放。

資本家就是那些除了支付日常生活需要的花費後，還能省下一部分錢來的人。「就像孩子一樣，我們看到什麼就想要什麼。

但是，如果一個人能衡量自己的收入，進而減少不必要的開支的話，那麼他就朝獨立邁進了一大步了。」愛默生（Emerson）如是說！

第60課 儲存好明天的糧食

「今天沒有做好準備的人，明天就會倒楣了。」

——奧維德（Ovid）

「不要小看任何一個小東西，這樣大東西才能不斷來到你的身邊。」

——波斯諺語

一連幾天沒有下過雨了，如果有人建議說要帶把雨傘，你可能會覺得那個人特別蠢。但是，在商場上，如果一直持續都是一帆風順的話，就應該設想我們是不是要遇到風雨了。這場風雨可能只是一場雷陣雨，也有可能是場狂風暴雨。

聰明的人會隨身攜帶一把雨傘、橡膠鞋和雨衣。

我並不是在做鼓勵省錢或反對花錢的說教。我只是想給大家一些建議，幫助人們用更少的時間做好準備或者更充分的利用未來的時間。

芝加哥有戶居住了四十二年的人家，他們最近變賣了自己的庫房和閣樓。在變賣東西的時候，他們還賣掉了這些東西：兩對銅壁爐，一個報廢的銅花瓶、一個銅傘架、兩個銅鍋、四個銅搓衣板、一個胡桃木沙發、一個胡桃木衣櫃、兩個胡桃木床頭櫃、一個衣服擰乾器、九個玻璃像框、兩個大理石桌面、七磅壓壞的銀器、一百四十本舊書、二百碼老舊的布魯塞爾地毯，五副門簾、舊布匹，還有不少多垃圾。

這些東西變賣後總值達八百四十一美元。這個家庭曾經很富有，但是對今天的他們來說，八百四十一美元也是很大一筆錢。他們一直都很節儉，從不破壞東西，所以才有這些值錢的廢品可以變賣。

或許在你我的家裡，搜不出價值八百四十一美元的廢品，但是想必每戶人家裡都能找出二十到四十美元的廢品。

如果每個家庭都能清理一下家裡的物品，把沒有用的東西都賣掉，那麼整理出來的廢品就值好多錢了。

第61課 積少可以成多

「積少可以成多。」

——羅伯特．伯恩斯 (Robert Burns)

我們都知道，伯恩斯不僅是蘇格蘭最偉大的詩人，也是有史以來最懂得宣導節約的人之一。蘇格蘭人的勤儉節約經常受到別人的嘲笑，但是它也常常被用來教育他人。

在蘇格蘭，浪費是很嚴重的罪行，在美國，我們最嚴重最該受譴責的罪行也是浪費。有資料證明，每個美國家庭浪費掉的東西都可以用來供一個人好吃、好穿、好睡。如果事實真是如此的話，我們浪費掉的東西就佔總財富的四分之一之多。

很多人都嘲笑伯恩斯的經濟之道，其中甚至包括他們同時代的人和他們的本國人。每當有人嘲笑他說他省下來的都是微不足道的東西，諸如一根火柴、一支大頭針、一顆鈕釦或一小塊銅皮，他就會反駁說：「積少可以成多。」要是伯恩斯能活到今天，他肯定會為我們浪費的食物、衣服、各種材料和金錢的行為感到無比的震驚。

今天我們所熟悉的銀行，在伯恩斯的時代還非常少見，在他的國家尤其罕見。

有一個和伯恩斯同名的後人卻還活在今天的世界裡。這個用蘇格蘭偉人的名字命名的「博比」伯恩斯（按他的要求，我們通常不稱呼他的姓氏），在很年輕的時候就學會了欣賞這個與他同名的偉人的哲學思想。

在一個四月的早晨，他第一次睜開了眼睛看這個世界，他們家人經過商議決定用羅伯特．伯恩斯來為他命名，我們並不知道他的父母親當時是否能預料到這個名字對他人生所產生的巨大影響。在他剛上學的時候，就成天閱讀這位傑出先人的詩集了，很快地，他的家人驚訝地發現他竟開始積存起小東西了。

在他的家裡，隨意丟棄東西的現象時有發生。在他父親修建穀倉的時候，博比就發現經由節約用磚頭和小塊的木頭，他可以省下一小筆財富。這些材料如果沒有節約下來的話，大概會拿去焚燒，但是小博比卻用這些材料做了八個漂亮結實的小狗窩，一個能賣四美元。其中七個狗窩，他以每個四美元的價錢賣掉了，而最後一個則由他父親以二十五美元的價錢買下了，作為對他勤儉節約和創新行為的獎勵。

這樣一來，他就有了五十三美元的收入。他送了三美元給小妹妹，讓她存到儲蓄罐裡，而他自己則用剩下的五十美元在新英格蘭開了一個帳戶。這是發生在五十多年前的事情了。雖然博比住的地方離新英格蘭很遠，他從來沒有註銷這個帳號。現在他的帳號是那家銀行第二老的帳號了。

博比有八個兄弟姐妹，他在家裡的小銀行總是兄弟姐妹們說笑的話題。但是，對博比來說，這卻不是件好笑的事情。每當兄弟姐妹們笑著要把銀幣投入他的「小木狗銀行」（這是按照他父親的建議，根據他當初設計的狗窩的樣子做成的）裡時，他總是很嚴肅、很真誠地向對他們致謝，感謝他們幫助他一起累積將來的財富。

博比第一次用課餘時間打工的時候，他還不滿九歲。得到這份工作是因為一個農民把自己的手指受傷了，只得請人幫忙工作。博比的工作就是每天早晚到半公里外的鄰居家裡幫六頭奶牛擠奶，每頭給五美分的工資。博比把自己每天賺來的六十美分如數存到小狗銀行裡。每隔一兩個月，他父親進城的時候，就幫他把錢存到銀行裡去生利息。後來，他從銀行裡提了出一部分錢，投資到購買新英格蘭水利公司的債券中去。

幾年後，當水利公司倒閉的時候，公司大多數債券都到了博比的手中。於是，他就成為那些水利工程的主人了，直到今天依然如此。他現在擁有很多水利工程、電廠，他手中公共服務公司的債券和股票也很多，在從新英格蘭到墨西哥灣一路上的許多企業裡，他都是位舉足輕重的人物。

其實由博比自己的言詞和他最親密的親戚朋友之評論，都證明博比並不算是一個出色的人。他賺的錢不多，也從來沒有做過特別幸運的投機生意。他父親的一生似乎沒有什麼作為，因此，他最早的投資也不是受到他父親的指引，而是受到他存了五十美元的那個小銀行的行長的指引。在他們的小城裡，人們親切地把那個小銀行稱作博比銀行。

因為正是受到博比的鼓舞，那個小城的孩子們都開始存錢了。而從這個不滿八百人的小城中卻走出了許多不平凡的人物。他們的成就令人難以置信。

第62課 不要等機會來敲門

「昨天浪費掉的錢既不能給今天帶來快樂，也不能帶來滿足。」
「不要等待機會上門，把身邊的每一件事情都轉化成你的機會。」
「勇敢的人自己創造未來，一個人的努力決定了他的未來。」

——賽凡提斯（Cervantes）

約翰・洛克菲勒（John D. Rockefeller）的故事告訴我們，存起來的錢能給我們帶來多大的財富。洛克菲勒小的時候，他們家很窮，錢是賺一分花一分。

喬治八歲左右的時候，媽媽給了他幾隻小火雞。他特別小心、耐心地照看這些火雞，後來把牠們賣了個好價錢。他把賺來的錢小心地記在帳本上，他自己稱之為一號帳本。

有幾個八歲的小男孩有自己的帳本，上面記載著自己賺的每一筆小錢，花掉的每一分錢？沒有幾個！那就是為什麼沒有幾個人能達到洛克菲勒的成就的原因。

每當我們想像富人的時候，我們都把他們想成特別奢侈，他們用的東西都是一般收入的人無法企及的。這些想法完全不適用於那些白手起家的百萬富翁。

白手起家的人之所以能致富，是因為他知道節約的價值，並在日常生活的每一個細節中厲行節約。

在哈里曼（E. H. Harriman）已經成為美國鐵路大王的時候，每天早上他在辦公室裡打開信件的時候，他都用金屬架子固定住紙張，然後把空白的紙張撕下來，留著寫備忘錄。當一個來拜訪他的人提到這一點的時候，哈里曼說：「不節約的生活誰也花費不起。只有窮人才浪費。」

白手起家的百萬富翁們節約每一分錢，因為節約是他們財富的基礎。於是有些揮霍的人就問，那為什麼他們成了百萬富翁以後還要繼續節約呢？是習慣，因為他們已經養成了節約的習慣了。他們審慎花錢，理性節約的習慣造就了他們與那些鄙視節約、一貧如洗的人的區別。因此即使在他致富以後，他們還是繼續保持這種習慣，不管是在家裡還是在事業上。

哈里曼把自己鉅額的財富投資到紐約的山上賺取利潤和鄉下的農場裡。他和他的家人辦了個中型的牛奶場，每天都賣出許多的牛奶和奶油。這項投資事業組織得很成功，很有遠見，正如一個偉大的金融家的手筆。對他來說，這個牛奶場也是他的事業，是對他農場和牲口的充分利用。不管是對他的家人還是對他企業裡的員工來說，都需要消耗牛奶和奶油。

常識和良好的商業判斷力告訴他，要把牛奶場辦成一個能賺錢而不是花錢的事業。哈里曼不允許浪費任何東西，他深知致富的唯一辦法就是讓你的收入增加得比你的開銷快，而且花掉的每一分錢都要有百分之百的回報

第63課　做個有經濟頭腦的人

人們在自己真正想要的事物上沒有浪費多少錢。但是許多人都把錢浪費在購買沒用的東西上，他們想買這些東西僅僅是因為別人都有而自己沒有，或者看到它們在店裡擺著，一時衝動就買了。

——亞伯特・艾特伍德（Albert Atwood）

「昂首挺胸面對這個世界。」

人並不是蒼蠅，只知道享受夏天溫暖的陽光，不知道寒冷的冬天即將到來。有些人一手賺到錢，轉手就把錢花掉了。但又不能說他們的智力只等同於蒼蠅的智力。一個月賺二百美元的人如果轉手就把錢花光的話，那麼他和一天賺一．五美元也轉手花掉的人一樣朝不保夕。

那些不為自己的將來考慮，不在今天犧牲個人的享樂和奢侈消費節約用錢的人，是沒有經濟頭腦的人。只有具備經濟頭腦的人才能享受舒適的生活和寧靜的心情。

「省錢太難了」，我們經常聽到那些不會用錢的人說出這樣的話。有經濟頭腦的人是不會說省錢很難。其一，他們知道，大家都做的事情就是應該做的事。其二，他們總是為自己設定一定的省錢目標——這可以是買一座房子，也可以是做一項投資以增加自己的收入。

有些新婚夫婦發現，經由改進自己的持家方法，他們可以省下不少的錢。他們是這樣做的：一開始，他們為買一個起居室的沙發省錢；等他們存夠這筆錢的時候，覺得還不如再多存點，買一架鋼琴；等他們銀行裡的錢夠買一架鋼琴的時候，他們決定再存，這樣就可以買輛便宜的小汽車了；等終於存夠買汽車的錢的時候，他們又說：「要再存一段時間的話，我們就可以買下M大街的那些漂亮房子了。」

他們不斷地省錢，丈夫薪資增加的時候，他們就節省更多的錢，而不是提高自己的生活開銷。他們剛結婚沒多少年，他們最大的孩子也才剛上中學。但是，他們已經擁有了自己的房子，還有另外兩處房產是租出去的，這樣就可以定期收房租了。丈夫現在已經成為他該公司的合夥人了。當他剛進入這個公司的時候，只是一個週薪十八美元的小職員。正是從那時候開始，他妻子就開始了「持家改進計畫」。

從今天開始，從薪資、薪水（隨便你怎麼稱呼）中拿出一點錢，存到銀行裡，讓自己的生活保持平衡。如果這些錢都是你經由工作賺來的話，你以後就要靠它生活了。

美國最富有的人洛克菲勒（John D. Rockefeller），他買得起一百輛的車想怎麼開就怎麼開，但是，他卻只買了一輛高級車。他覺得花幾百萬美元的錢炫耀自己的財富是毫無意義的。

紐約有位商業鉅子很有自己的主見和領導風範，他從不盲目跟風。他每天乘坐公車到市中心去。有一天，他在百貨公司前看到下屬的一位部門經理從他自己的車裡鑽出來，他就說：「既然我都能坐公車上班，你也同樣可以做到。何不為自己多做打算呢？何必在意別人怎麼看待你呢？把開車的錢省下來吧！」但是這位部門經理認為自己就是要炫耀。

所以，他被炒魷魚了，在貧困中度過了一生。而那位認為坐公車上班無損自己高貴氣質的人，則成為百萬富翁。

第64課 節約意味著什麼

「節約用錢就是把自己的錢存起來，不要讓它們流到和你一樣有錢或比你還有錢的人手中去。」

——阿農（Anon）

「我們的時代需要兩樣東西：一是讓富人知道窮人的生活方式，二是讓窮人知道富人的工作方式。」

——阿特金森（E. Atkinson）

節約並不是吝嗇，也不是斤斤計較或苛待自己，也不是以犧牲良好的儀表、自尊或舒適為代價。理智的節約和斤斤計較之間相差十萬八千里。節約並不是不花錢，它是合理地花錢。

節約意味著持家有道。節約意味著充分利用時間、金錢、精力和其他的東西。節約意味著你花掉的每一分錢都能得到百分之百的回報。節約意味著你用吃下去的每一點食物都能轉化成需要的營養。節約意味著從出生的那一刻起，人生每小時的工作、學習、娛樂、休息時間都能得到充分的利用。節約意味著以前習慣花錢請別人幫你做的工作現在試著自己做做。

對一個男人來說，節約或許意味著自己刮鬍子、自己擦皮鞋。對一個女人來說，節約或許意味著合理搭配膳食，花最少的錢得到最多的營養和最美味的食物。節約意味著讓孩子懂得浪費金錢是弱者和愚蠢的人才會做的事情。

節約意味著以經濟之道持家。合理持家需要耗費的精力和智慧絲毫不少於管理一個企業所需要的。商人們每時每刻都在想如何減少一分一釐的開支，最精明的商人天生就有商業才能。同樣，一個精明遠慮的婦女會發現，只要厲行節約，花四美元買了的東西也能給家人帶來舒適的生活和生活的改善，而同樣的事情對於那些粗心大意、胡亂花錢的人，卻要花五美元才能辦到。

聰明的女人會告訴你，勤儉持家給你帶來的熱情絲毫不比男人對事業的熱情低。她們也會告訴你，勤儉持家，你就會擺脫過去只做家務不動腦子的生活方式，這樣你的生活就會變得更豐富多彩。她們還會告訴你，現在就開始省錢，那麼在需要花更多的錢或者有更好的花錢機會的時候，她們就拿得出錢來了。

有許多人都誤以為百萬富翁的孩子可以肆意地花錢。實際上，美國大多數的百萬富翁都對自己的孩子嚴格要求，讓他們保持獨立。

范德比爾特（Commodore Vanderbilt）曾經說過，雖然他有一億美元的財產留給孩子，但是只要他還活著，他的十三個孩子們就得自力更生。他的二兒子威廉後來成為他的繼承人。但是剛開始的時候，威廉是在一家銀行當出納員，週薪十六美元。即使到他結婚的時候，薪資也才那麼一點。

婚後，經過二十年的努力，他把一塊偏僻的農場經營成功了。後來他還獲得更大的成功，但是從來沒有從他父親那裡尋求任何的幫助。老范德比爾特眼看著孩子遇到的種種困難和付出的種種努力也不伸手幫助。

其實在這過程中，這位嚴父就是在訓練他繼承人的吃苦耐勞精神和經濟頭腦，他深知，這對他將來管理鉅額財產是非常有必要的。長時間的訓練是卓有成效的。這個獨自奮鬥了二十年的孩子，只用了七年的時間，就讓父親一億美元的遺產增加了一倍。

老范德比爾特給他的孩子上了重要的一課。而他的孩子也用同樣嚴格的方法訓練自己的兩個孩子。大孩子剛參加工作時也是銀行的職員，除了薪資外沒有別的收入，小兒子則是圖書管理員。

只有節約花錢的人才能變成有錢的人；只有窮人才粗心大意、胡亂花錢，所以窮人依然是窮人。

第65課 要懂得量入為出

「量入為出，這樣有一天你就不用為花錢而煩惱了。」

「勤奮的人總是被幸運眷顧，就像最優秀的球隊總是好運連連一樣。」

——豪（Ed. Howe）

誰都會賺錢，如今關鍵的是知道如何節約用錢。一般人都在節約用錢，其實早就該計畫節約了。但是，許多人都推說等「明天」再開始節約，因為他們老說今天有太多非買不可的東西和非做不可的事情。

大家都想等到有大把收入了以後再開始節約。但是，等你的收入增加了，生活消費也增加了，而你已經習慣於享受安逸生活和奢侈的物品了，所以，增加的那部分收入也會如數花掉。

兩年前就下定決心開始節約、賺更多錢的人，他們今天的收入已經比過去增加了許多，但是他們節省下來的錢並不比兩年前多。

讀了此書的人都會同意這一觀點，因為每當他們回首往事的時候，他們就會發現，現在開始節約用錢並不會比過去容易，雖然過去他們一週的收入可能只有區區幾美元。

人的收入增加了，就自然會想要享受更高消費的生活。一個每週只有幾美元收入的普通家庭看起來會很舒服、愜意，但是一旦他們家庭的收入增加，這種舒適和愜意就會立即消逝。大多數的美國人都想要更好的房子、衣服、享樂和興趣愛好，這樣他們就能向別人炫耀了。

但是，這種作法的代價往往是讓他們入不敷出。他們口袋裡的錢只有那些，但是給人的印象卻好像他們有兩倍那麼多的錢。為了維持他的形象，他就得更拚命的工作。如今，好多美國人都高喊「為了活著而活著」的口號，而這也正是我們的社會的現狀。

殊不知，「為了活著而活著」正是絕大多數貧窮和不幸產生的根源。

不懂得每週增加自己收入和存款的樂趣的人，就失去了世界上最快樂的、最刺激的、永存的樂趣之一。對那些從來沒有每週往銀行裡存錢，哪怕是十美元的人來說，這聽起來或許有些誇大其詞。

我們不會怪他們無知，因為他們什麼都不瞭解。人在花錢的時候的確能獲得巨大的滿足，但是如果有人能克制住自己的本性，定期地存錢的話，他就會發現，從節約用錢中得來的樂趣是花錢的兩倍之多。

羅伯特・路易士・史蒂文生（Robert Louis Stevenson）用短短的幾個詞概括了致富的訣竅：「賺得少，花得更少。」是不是覺得特別簡單？

有些人認為省錢、存錢是再容易不過的事情，所以他們沒有趁年輕的時候存夠錢，以至於年老、病痛或不幸降臨的時候無以為生。事實上，省錢比賺錢更耗費心力。

「不要滿足於度日，讓你每週的工作都有收穫，再除去開支後，讓每週的收入都有結餘。」有一個鐵路鉅子的兒子，每到學校放暑假的時候，都要去打工。他管理過發動機，參加過調查小組。

因此，當他成為鐵路公司董事長的時候，他已經對自己的公司瞭若指掌了。他還十分瞭解銅礦裡滅火員的工作內容，因此，如果有一天他不幸破產得靠自己的雙手工作的話，他也能當個合格的滅火員。

第66課 留住錢比賺錢更難

「財富是世上最受人尊重的東西，也是世上最有威力的東西。」

——歐里庇得斯（Euripides）

「過於小氣的人一點錢就夠花，過於大方的人多少錢也不夠花。正是節儉讓窮人走向富裕。」

——賽內卡（Seneca）

「一個人日常開支絕不能超過他收入的三分之二，因為意料之外的花費會花去你另外三分之一的收入。」

——愛默生（Emerson）

有錢人花的錢不到他們財產總額的一半，而且絕大多數有錢的人花的還不到三分之一。一個人的財產如果超過十萬美元，那麼只要用他一半或三分之一的財產，他就能過著特別好的生活了。

我們有些人一年的收入只有一千美元或者五千美元。因此對我們來說，一年花掉三千美元就是很大的一筆消費了。

但是，如果哪一天我們一下子賺到了一百萬美元的錢，我們花三千塊錢買的東西絕不會是現在的百萬富翁們花同樣價錢買的東西。

百萬富翁們總會有一些窮親戚或窮朋友，這些人老纏著他們要施捨和好處。我們總是希望有錢人，尤其是百萬富翁們能在各種節日裡大方地給公益活動、慈善機構和鄰居捐錢，不管是在獨立紀念日還是在公園的工作節派對上。

大多數富人也確實都給這些活動捐錢，否則這些活動、機構就不會存在了。我們大多數的公益基金和慈善基金之所以能夠存在，都是因為這些富人的慷慨解囊。

但是，有了很多錢，甚至有了百萬美元的錢，也並不意味著晚年的生活就能高枕無憂了。在錢到手後，還有一點更要注意。賺錢很難，但是如何留住錢卻更難。花錢是一門藝術，而進行奉獻卻更需要深思熟慮。

富人們在奉獻，有時候我們大家也都應該為一些事情奉獻自己的力量。慈善並不在於你捐的錢是多是少。實際上，如果按收入比例算起來的話，往往窮人在給慈善事業捐錢的時候會更大方。

因此，如果我們想成為富人，就要培養自己給慈善事業捐錢和投資的判斷力和辨別能力，要盡自己的可能奉獻愛心，不要想東想西。只要盡到自己的心意了，就是在做好事。

一個富有愛心的富人在走下坡路的時候，他還不忘給學校、議員、貧苦人家、慈善機構捐錢捐物。等這個人年老的時候，他就會發現自己也成為捐助的對象了。

這樣的人算是一個慷慨大方的奉獻者，但是，他卻算不得是一個明智的人、一個理性的奉獻者。如果他在捐贈的時候能更理性、更明智一點的話，他就會每年都仔細地計算一下自己的財富，保證自己和家人的晚年有足夠的錢花。

現在，你可以看出，不是把錢賺到手就好了；我們不僅要學會如何把錢花在自己想要和必要的東西上面，我們還應該注意如何捐贈自己的錢，要小心不要過分慷慨，以免自己最後身無分文。

如果不想當守財奴的話，我們就要奉獻愛心。但是，我們奉獻的愛心也必須在我們能力所及的範圍之內。這樣，我們不幸的朋友和鄰居們才能學會靠自己的雙手工作來踏上致富的道路。

盲目的奉獻還不如不奉獻。因此，在捐錢給公益活動或慈善機構的時候、在送錢給街頭的盲人乞丐的時候、在捐錢給窮人蓋房子的時候，我們都一定要考慮周到。如果在捐贈的時候，我們每個人都能更好地運用自己的智慧、判斷力和常識，那一半的捐款就不會白白浪費掉了。

第67課 花錢像賺錢一樣謹慎

「就像孩子一樣，我們看到什麼就想要什麼。但是，如果一個人意識到自己的收入多少之後，能減少不必要的開支的話，那麼他就朝獨立邁進了一大步了。」

——愛默生（Emerson）

如果我們能夠遵循愛默生的建議，量入為出，把自己的日常開支控制在收入的三分之二內，那麼我們就能保持收支的平衡了。意料之外的開銷一般來說都會花去我們剩下三分之一的收入。一個會量入為出的人值得表揚，但是我們更羨慕那些能控制自己開支，每年都能存下一點錢的人。

許多人都寫過教人們如何推銷產品、如何賺錢的文章。但是，那些過來人卻很少告訴我們應該怎麼花錢。我們都是碰巧把錢花在自己需要的東西上或是自己想要的東西上。看見店裡的東西，我們想要時就把它買回家。有時候，這些東西碰巧是有用的，但大多數時候，買回來的東西都是白白浪費錢。

有些人在花錢的時候特別謹慎，就像他們賺錢的時候那樣。這種人就一定會致富。我們賺到手的錢，大部分用於購買必需品和一些想要的東西。剩下的小部分我們可能會用來買奢侈品、用來滿足我們的欲望，我們也有可能把它們存起來，用以保障我們未來舒適、安逸、獨立的生活。我們購買的奢侈品的價值，必須等於我們花在它身上的錢加上這些錢在我們一生中能帶來的利息的總和。如果這件奢侈品不值這麼多錢的話，就不應該買。

今天我們在旅行或度假上花的一百美元錢，如果存起來的話，就可能給我們的生活或未來生活帶來幾百甚至幾千美元的回報。沒錯，我們和家人的確可以享受一些奢侈品。但前提是這些奢侈品能得到充分的享受、能給我們帶來快樂和心情的寧靜才行，而不僅僅是為了向別人炫耀。

在購買生活必需品的時候，要認真思考、仔細判斷。但在購買奢侈品的時候才是真正考驗一個人花錢能力的時刻。我們有時會把錢花在看似奢侈品的東西上面，但是我們花在所謂的奢侈品上的錢大都完全浪費掉了。因此，這種錢我們一開始就不該花。

在購買純粹享樂用品的時候，如果能花多一點心思、多一點判斷和多一點的常識，我們就能大大增加自己的財富。

幾乎每個人都有自己長久以來特別想要的東西，這件東西可能一直都困擾著我們。但是，在我們這種期望得到滿足之前，這件東西的實際價值或者我們對它的渴望或許已經消逝了。

當我們真正得到它的時候，我們已經不能從它身上找到自己想要的樂趣了，我們甚至會感到特別的失望。我們一直渴望某樣東西，並且我們終於有能力來購買它了，這是後，我們就應該停下來好好想一想，有沒有其他能給我們帶來更多樂趣，更吸引我們的東西。

會賺錢的人就有權利花錢，有權利把錢花在自己或親人們的身上。但只要稍

具理性，我們就懂得應該理智地花錢，讓花掉的每一分錢都物有所值。

要是我們學會了讓一美元的錢來發揮兩美元錢的作用，那麼我們就比過去富裕、幸福一倍了。

如果我們能讓四美元的錢發揮五美元的作用，那麼我們的財富和滿足感也大大增加了。如果我們花錢的時候能像賺錢的時候那樣謹慎的話，不管是現有的錢還是以後會賺來的錢，我們都能讓四美元的錢發揮五美元的作用。

第68課　學習投資的藝術

「只要能充分運用自己的才能並遵循自己的本性，那麼每個人生來都是富有的，或必定會變得富有。財富是一個人智慧的結晶。一個人想要獲得財富，就必須冷靜、理智、機敏和有耐心。」

——愛默生（Emerson）

「不論是傳道還是媒體，它們在抨擊財富欲望方面一唱一和。但是，如果大家都聽從這些所謂道德家的話，放棄致富的理想的話，這些道德家們又會不顧一切地煽動人們追求權利，惟恐文明難再。」

——愛默生（Emerson）

每一個人手中都應該有錢，而怎樣把錢花在最值的地方則需要充分調動人的判斷力。不幸的是，有些人年輕的時候都努力工作，計畫省錢，到了四五十歲的時候，他們已經成為富人或過著小康生活了，但是，等他們六七十歲的時候，他們卻又陷入貧困的境地。

在我們周圍或多或少都有這樣的人，他們在幾年前或許還很富有，但是現在卻得為賺取生活必需品而拚命工作。的確有時候有些人會遇上一些倒楣事，如不可避免的病痛或災禍，讓他們多年積存的財產消耗殆盡。

但是，這種情況畢竟是少數。那些年輕的時候生活富足，但在年老的時候陷入貧窮的人，大都是因為他們不計後果亂花錢或盲目投資。

那些四十歲時候還很富裕，但到了六十歲的時候卻陷入貧窮的人，無一例外都是投資不善的人。有些人還為自己擁有許多華而不實的股票而沾沾自得，有些人因為所謂的好朋友把沒有保證的債券賣給自己而欲哭無淚。這些人都不值得我們同情，因為他們在用自己的血汗錢投資的時候，並沒有充分使用自己的常識和判斷力進行辨別。這種常識和判斷力是我們每個人都有的，但是有些人卻不會好好利用它們。

在世界大戰期間，有些從來都沒有做過投資的人也購買了政府債券。戰爭一結束，他們就把債券賣了。當有些騙子告訴他們說購買一些股票可以讓他們每年獲得25％到 1000％的紅利，能讓他們一夕致富的時候，他們輕信了。每座城市的金融街都駐紮了財力雄厚的銀行和投資公司。在這些銀行或商號裡，誰都可以進行安全、有價值、穩定的投資。

但是，每當手中有些錢可以投資的時候，大多數人都情願聽信那些只有一面之緣的人的話，只因為他們向我們保證，唯有把錢投到他們那裡去，很快就可以成為百萬富翁。

安全的投資路徑成千上萬。這些安全投資的風險很小，一般來說都不會虧本，除非說產生突發的競爭，或是管理方式的突然革命，或是有了新的發明或發現。完全沒有風險的投資是不存在的，但在資本雄厚的企業裡，產生風險的可能性很小，幾乎可以忽略不計。

有時候，有些親戚朋友會告訴我們某個投資回報特別豐厚。但是，最好還是去諮詢一下那些銀行家，他們的判斷對我們來說一般都是有益無害的。那些經手過幾百萬美元的債券、股票、抵押、票據和有價證券的人，他們對投資的看法一般都是比較準確的，就如一個有經驗的鑽石切割專家看一眼石頭的裂痕，就能判斷出裡面是否藏著寶石一樣。

在做投資的時候，花一些必要的錢來確定其安全性並不是損失。如果你知道你投進去的錢的安全有保障，那麼你的心情也會更平靜些。

做投資是沒有討價還價的。因為房產、債券、股票、票據、鑽石、東方地毯、圖畫以及其他一切值得投資的東西都有它們自己的價值。它們的價值定位一般都十分精確，因此你基本上不用擔心會買錯了。

要找到合適的投資路徑並不很難，不管你要投資的錢有多少，是十美元還是百萬美元。現在，即使是手中只有幾美元的人也能進行一些穩定的投資，他們手中的那點錢甚至還可以購買美國財政部發行的國庫券。

一些聯邦銀行、州銀行、信託公司、儲蓄所的存款證明或存摺上只有五美元的錢，有些甚至只有一美元的存款。現在，一些特別穩定的債券其面額甚至只有一百美元以至五十美元。

如今，就算是收入特別一般的美國人都可以找到適合自己的投資路徑。因此不僅僅是富人才享有投資的好機會。

我們首要的事情就是賺錢，花錢的時候我們要保持頭腦清醒有判斷力。但是，把閒錢用於投資則是累積財富的最好方法。所以，今後我們要更多地關注投資。是個男人，就有責任經由誠實工作、公平待人讓自己變得更富裕，讓自己更有能力，因為財富是文明的必要組成部分，沒有財富就沒有文明。

第69課　個人的財富把握在自己手中

「我們要銘記智者的智慧和老人的經驗。」

「如果你很富有，與其向別人展現你巨大的財富，不如在日常的交談中，向人們展現你高尚的靈魂。不要吝嗇與地位低的人交往，要幫助不幸的人，資助被忽視的人，這樣，你就能成為偉人。」

——迪斯雷利（Disraeli）

——斯特恩（Stern）

「個人的財富把握在自己手中。」

——培根（Bacon）

回首二十世紀以來的先人們在累積金錢和財富方面的經驗時，我們有必要看看各時代的偉人們是怎麼說的，就如華森（Wasson）所說的：「我只是重新蒐集並整理了前人的資料而已。」蒙田（Montaigne）也曾經說過：「我引證他人的話，這樣就能更好地表達自己的意思。」

我們經常低估偉人名言的價值。如果我們可以引證先輩偉人的話，別人對我們的意思就可以理解得更好。如果我們能花上一些時間稍做分析的話，我們就會發現，「世上並沒有什麼新鮮事物」，能說的話先人們都說過了。

愛默生（Emerson）曾說：「我們引證別人的話，因為我們必須、願意也高興這樣做。我們不僅引證書上的話和諺語，我還引證藝術、科學、宗教、風俗和法律。

不僅如此，我們還引證殿堂、房屋、書桌的樣子。」愛默生（Ralph Waldo Emerson）是十九世紀初偉大的哲學家。他的思想觀點一代代地流傳下來，很值得我們深思和吸收，即使是他最富原創性的思想也都證明了「我們最好的思想來自他人，」他曾經寫道：「每個富有新意的好句子的出現都是對這個句子的第一次引用。」

塞內卡（Lucius Annaeus Seneca）曾經說過：「在我們沒有透徹地學會一個事物之前，引證多少次也不嫌多。」

前人們一些最好的建議可以幫助我們更好、更愉快地生活，並最終獲得我們想要的財富和社會地位。遵循這些建議，可以讓我們從芸芸眾生中脫穎而出，可以讓我們站在受人尊重、令人羨慕的位置上。可惜的是，如今的人由於生活壓力大、節奏快，並沒有好好學習前人們的這些建議。

在我們這些人中，能成為百萬富翁的人屈指可數，而能成功躋身富人之列的

人數也是非常有限的。

但是，如果我們有決心、有恒心朝一個目標努力的話，我們每一個人都能過上比現在富有的生活，這包括金錢的富足、精神的充實和其他各方面的充裕，它們能讓一個男人更像男人。我們能同時獲得財富和高尚的品格。

如果以丟失人格為代價換取財富的話，這種財富也不能長久。那些經由誠實的工作致富的人要謹記「一個人富裕與否並不在於擁有多少財物，而在於他的欲望多少」和「收入越多，就越難把握自己」這兩句話。

在你獲得財富之後，還要記住要同時成為富人和偉人，就得讓自己的一生對世界產生深遠的影響。

☆財富語錄

■財富就像海水，你喝得越多，你就越感到渴。

■一個人是否富有不是看他擁有多少財富，而是看他無顯要地位也能做到的事情。

——（德國哲學家）康德

■財產，如果不好好安排，幸福還是會像一條鰻魚，從他的手裡滑掉。

——（瑞士教育家）裴斯泰洛齊

■財富是奢侈懶惰之源，貧窮是無恥與罪惡之母；二者皆不知足。

——（古希臘哲學家）柏拉圖

■正直的人從來不會成為暴發戶。

——（古希臘詩人）米南德

■財富中包含著無數辛酸。

——（古希臘詩人）米南德

■靠可恥的職業獲得的財富，顯然帶著不名譽的烙印。

——（古希臘哲學家）德謨克利特

■希望獲得不義之財是遭受禍害的開始。

——（古希臘哲學家）德謨克利特

■對希望和歡樂的偏愛是真正的財富，而對恐懼和痛苦的執著才是窮困。

——（英國政治家）休謨

■闊佬在奔赴陰曹地府時是帶不走自己的財產的。

——（古羅馬詩人）奧維德

■富人只有在生病時，才會充分感覺到錢財的無能。

——（阿根廷作家）科爾頓

■暴發的、不正當的巨大財富是一個陷阱。

——（美國作家）馬克．吐溫

■財寶是財產，知識是財產，健康是財產，才能是財產，而且意志也是財產，意志勝過其他財產的原因是任何人一旦佔有了它以後，就可以隨心所欲地使用它。

——（日本宗教思想家）內村鑑三

■財富與大膽的人站在一起。

——（古羅馬詩人）維吉爾

■財富不能帶來善，而善能帶來財富和其他一切幸福。

——（古希臘哲學家）柏拉圖

■財富只是增大而不是滿足人的欲望。

——（英國詞典編輯）福勒

■財富過多是貪婪的根源。

——（英國詩人）克·馬洛

■財富並不是生命的目的，而是生命的工具。

——（美國作家）比徹

■財富造成的貪婪之人，遠遠多於貪婪造成的富有人。

——（英國詞典編輯）福勒

■財富越增加，人們越渴望更多的財富，因之憂患與日俱增。

——（古羅馬詩人）賀拉斯

■我們既沒有權利享受財富而不創造財富，也沒有權利享受幸福而不創造幸福。

——（愛爾蘭作家）蕭伯納

■有的人是生來的富貴，有的人是賺來的富貴，有的人是送上來的富貴。

——（英國戲劇家、詩人）莎士比亞

■收入猶如自己的鞋子，過分小，會折磨、擦傷你的腳；過分大，會使你失足、絆倒。

——（阿根廷作家）科爾頓

■財產這個魔鬼，摸著什麼東西就要敗壞什麼東西。

——（法國啟蒙思想家）盧梭

■財產的極端懸殊是許多災難和犯罪的根源。

——（法國革命家）羅伯斯庇爾

■消除貧困的時候，我們會失去自我的財富，而擁有這筆財富，我們卻會失去多少善心，多少美，和多少力量啊。

——（印度作家）泰戈爾

■貧困固然不方便，但過富也不一定是好事，必須依靠自己的力量，謀求生活。

——（波蘭科學家）居里夫人

■巨大的財富具有充分的誘惑力，足以穩穩當當地造成致命的作用，把那些道德基礎不牢固的人引人歧途。

——（美國作家）馬克．吐溫

■財富更要把你下到地獄裡，比貧窮還要厲害不止十倍，財富連你的肉體都救不了。

——（愛爾蘭作家）蕭伯納

■鉅額財富使人養尊處優，無求於人，但也有一種危險的傾向，它能使一個意志堅強、知識淵博的人變得乖僻、自負。

——（愛爾蘭作家）蕭伯納

■一切財富都是權力，因此權力定會用種手段將財富確定無疑地據為己有。

——（英國政治理論家）埃德蒙．伯克

■任何巨大的財富，在最初累積的時候，往往是由一個很小的數量開始。

——（歷史學家）鄧拓

■崇拜財富是最醜陋的行為。

——（美國教育家）安德魯・卡內基

■人一旦對財富不抱期望，那他絕不會對工作發生興趣。

——（法國經濟學家）魁奈

■一個人有多少財富就有多大信心。

——（西班牙小說家）塞萬提斯

■縱使富有的人以其財富自傲，但在還不知道如何使用他的財富以前別去誇讚他。

——（古希臘哲學家）蘇格拉底

■幸運的人既播種也收穫，不幸的人死後留下全部財產。

——（波斯詩人）薩迪

■憑勞力獲取的錢財，不需擔心遭人非議，更不會良心不安。

——（美國作家）凱勒

■賢而多財，則損其志；愚而多財，則益其過。

——（中國古代哲學家）朱熹

■金銀財寶皆容易喪失，只有手藝才是永恆的財富。

——（波斯詩人）薩迪

■既不必諂媚又無需借貸的人是富翁。

——（英國詞典編輯）福勒

■誰也不滿足自己的財產，誰都不滿足於自己的聰明。

——（俄國作家）列夫·托爾斯泰

■理想的社會狀態不是財富均分，而是每個人按其貢獻的大小，從社會的總財富中提取應得的報酬。

——（美國經濟學家）亨·喬治

■斂財不會有滿足的時候。

——（美國作家）愛默生

■甘於守貧是一個人的巨大財富。

——（古羅哲學家）盧克萊修

■財產越豐，受其奴役性越大。

——（古羅馬哲學家）盧克萊修

■人不會同時獲得財富和明智。

——（古羅馬詩人）李維

■世間物質能夠滿足人的需要，卻不能滿足人的貪婪。

——（印度政治家）甘地

■對財產先入為主的觀念，比其他事更能阻止人們過自由而高尚的生活。

——（英國哲學家）羅素

■巨大的財富與知足的心理很難和諧相處。

——（英國詞典編輯）福勒

■人類的歷史表明，人的慾望是隨著他的財富和知識的增長而擴大。

——（英國經濟學家）馬歇爾

■人類的勞動力是唯一真正的財富。

——（法國作家）法朗士

■大眾能有超乎金錢財富之上的選擇，才是穩定的社會。

——（作家）羅蘭

■與其濁富，寧可清貧。

——（中國古代大臣）姚崇

■凡是守財奴都知道眼前，不相信來世。

——（法國作家）史爾扎克

■不義之財如同車輪上的塵埃，轉瞬即逝。

——（前蘇聯作家）高爾基

■不要相信那些表面上蔑視財富的人，他們蔑視財富是因為他們對財富絕望。

——（英國哲學家）培根

■巨大的財富，落在傻瓜的手裡則是巨大的不幸。

——（英國詞典編輯）福勒

■少數人有錢是假富，要多數人有錢才是真富。

——孫中山

■為了到死時才變成一個富翁而終生受窮實在是瘋狂。

——（德國文藝理論家）萊辛

■世人用財，貴明義理，加厚於根本，雖千金不妄費；浪用無無益，即一金已奢侈。

——（教育家）唐彪

■失財勢的傳人舉目無親，走時運的窮酸仇敵逢迎。這炎涼的世態古今一轍，富有的門庭擠滿了賓客；要是你在窮途向人求助，即使知己也要情同陌路。

——（英國戲劇家、詩人）莎士比亞

■寧可清貧自樂，不可濁富多憂。

——（作家）釋道元

■對一個從希望的頂峰跌落下來的人來說，財產是不足道的。

——（法國作家）巴爾扎克

■一個金錢富足的人，還能有心關懷到受困於窘境的窮人，才是真的富人。

——（作家）三毛

■最知足的人最能享受到財富帶來的樂趣。

——（古希臘哲學家）塞內卡

■一切財富都來自工作和知識。

——（美國作家）歐文．華萊士

■人必須努力生產財富，因為他不能沒有財富而生存。

——（英國經濟學家）麥克庫洛赫

■生活中努力生產財富，最有用的東西是才智。

——（德國文藝理論家）萊辛

■越是不寬裕的人越慷慨，越是富足的人越吝嗇。

——（作家）巴金

■財富令人起敬，它是社會秩序最堅固支柱之一。

——（法國作家）羅曼·羅蘭

■財富是了不起，因為它意味著力量，意味著閒暇，意味著自由。

——（美國作家）勞威爾

■毫無疑問，財產同自由一樣，是人類的一項真正權利。

——（美國社會改良主義者）約翰·亞當斯

■所謂財產並不能創造人類道德價值和智能價值。對平庸的人只會成為墮落的媒介，但如果掌握在堅定正確人的手中就會成為有力的千斤頂。

——（法國作家）莫泊桑

■財寶如火，你認為它是有用的僕人，但轉瞬之間就搖身變為可怕的主人。

——（英國作家）卡萊爾

■財富掌握在意志薄弱、缺乏自制、缺乏理性的人手中，就會成為一種誘惑和一個陷阱。

——（英國作家）塞繆爾·斯邁爾斯

■財富並不是永久的朋友，但朋友卻是永遠的財富。

——（俄國作家）列夫·托爾斯泰

■人們所努力追求的庸俗的目標——財產、虛榮、奢侈的生活——我總覺得都是可鄙的。

——（美國科學家）愛因斯坦

■財富必須在快樂中證明自身。

——（美國哲學家）桑塔亞那

■適可而止是最大的財富。

——（英國哲學家）豪厄爾

■財富是人創造的，所以人富了以後難以擺脫人世的羈絆。

——（日本宗教思想家）木村鑒三

■如果財富是屬於你的，那為什麼不帶它們隨你去另一個世界呢？

——（美國科學家）富蘭克林

■人們求財富一半是為了滿足生活所需，一半是為了保證恣情享樂。

——（古羅馬哲學家）西塞羅

■很少有比規規矩矩賺錢的人更純潔的了。

——（美國政治家）約翰遜

■財富並不是生命的目的，只是生命的工具。

——（法國哲學家）羅休夫柯

■恩賜的東西是不牢靠的。凡是恩賜的東西，它就可能隨時被恩賜者收回。

——（法國作家）大仲馬

■道德和才藝是遠勝於富貴的資產。

——（英國戲劇家、詩人）莎士比亞

■儘管貧窮去感到滿足的人是富有的，而且是非常的富有。而那些儘管富有卻整天擔心會變窮的人，才凋零得像冬天的世界。

——（英國戲劇家、詩人）莎士比亞

■世傳的財產往往造成後代的惡行。

——（英國詩人）喬叟

■財富歸根結底是虛無的東西，所以應該拋開財富的意識生存，因此，不要根據利益得失，而要根據好壞來判斷經營。

——（日本商業家）神林照雄

■財富只有當它為人的幸福服務時，它才算作財富。

——（前蘇聯教育家）蘇霍姆林斯基

■私有財產，財富的積累法則，競爭法則，所有這些都是人類經歷的最高結果，是迄今為止社會結出最佳果實的土壤。

——（美國教育家）卡內基

■在大多數人中間，財富主要用於炫耀。

——（英國經濟學家）亞當．史密斯

■財富不是盜竊，但有許多盜竊變成了財富。

——（英國經濟學家）托尼

■人們靠智慧來掌握財富的時代一定會到來。

——(美國金融家)摩根

■若是富人全然不存在了，這個世界將會變得很可憐。

——(美國劇作家)威廉·戴維斯

■貧窮的伴侶是自由，束縛伴隨著富裕。

——(日本宗教思想家)木村鑒三

■金錢不是目的，而只是達到目的的一種手段。

——(英國政治家)柴契爾夫人

■人類百分之七十的煩惱都跟金錢有關，而人們在處理金錢時，往往都意外地盲目。

——(美國教育家)卡內基

■金錢本身就是非常好的，因為它不僅僅能滿足一個人的某一方面的具體需要，而且也能滿足人們抽象方面的需要。

——(德國哲學家)叔本華

■金錢，這個生活中無聊的東西，這個在公眾場合談起來臉紅的東西，但它的實際作用和規律卻像玫瑰一樣美麗。

——（美國作家）納・霍桑

■金錢和時間是人生兩種最沉重的負擔，最不幸的就是那些有這種東西太多，多得不知怎樣使用的人。

——（美國政治家）約翰遜

■沒有錢是悲哀的事；但是金錢過剩則倍加悲哀。

——（俄國作家）列夫・托爾斯泰

■向人借錢，總恨不得對方慷慨解囊。歸還欠債，偏偏心痛萬分的居多。

——（作家）三毛

■直接為了賺錢而賺錢，和由於創造了成功的事業而自然得到了金錢，其有層次與境界高下之不同。

——（作家）羅蘭

■錢可以使人迷失本性。

——（革命家）謝覺哉

■不必憂慮資金短缺，該憂慮的是信用不足。

——（日本電子之父）松下幸之助

■銀行家要出售的不是金錢，而是信用，只要能取得人們的信任，就能當銀行家。當然，你首先得累積信用的資本才行。

——（印尼金融鉅子）李文正

■錢並不等於幸福，幸福的寶塔並不是用錢堆起來的。人生的真正的幸福和歡樂全在親密無間的家庭關係中。

——（科威特作家）穆尼爾・納素夫

■錢是一種難以得到的可怕的東西，但也是一種值得歡迎的可愛的東西。

——（美國作家）亨利・詹姆斯

■錢是個可惡的東西，用它可以辦好事也可以做壞事。

——（俄國作家）岡察洛夫

■人有七大重擔……衣、食、爐火、房租、稅款、尊嚴和孩子。只有金錢才能把它們搬掉。只有擺脫了這些重擔，人的精神才能騰飛。

——（愛爾蘭作家）蕭伯納

■大量金錢總是要使權威癱瘓的。

——（德國詩人）歌德

■由於聰明人都鄙視金錢，所以金錢也就小心地避開他們。

——（法國作家）愛拉斯謨

■只有金錢才是最大的罪人，一切人類的殘酷和骯髒的行為，都是金錢導演出來的。

——（法國小說家）左拉

■付出金錢，買來的東西不會等值。付出精神賺來的金錢也不等值。

——（作家）三毛

■鳥翼上繫上黃金，這鳥兒便永遠不能再在天上翱翔了。

——（印度作家）泰戈爾

■在各個時代、各種情況下，金錢有時都是解決最棘手的問題的唯一手段。

——（前蘇聯作家）米．左琴科

■假使一個人不在金錢裡埋葬自己，而能用理性支配金錢，這對於他是榮耀，對於別人也有益處。

——（前蘇聯作家）高爾基

■金錢這種東西，只要能維持個人的生活就行，若是過多了，它就會成為遏制人類才能的禍害。

——（瑞典化學家）諾貝爾

■金錢是深刻無比的東西，它背後的故事，多於愛情。

——（作家）三毛

■構成罪惡源的東西並非金錢，而是對金錢的愛。

——（英國作家）斯邁爾斯

■黃金的枷鎖是最重的。

——（法國作家）巴爾扎克

■對於浪費的人，金錢是圓的；可是對於節儉的人，金錢是扁平的，是可以一塊塊堆積起來的。

——（法國作家）巴爾扎克

■世上的喜劇不需要金錢就能產生。世上的悲劇大半和金錢脫不了關係。

——（作家）三毛

■由許多的事例都可以證明，太多錢所通的並不是神，而是罪惡。

——（作家）羅蘭

■有錢人會向邪惡的魔鬼晃動自己的錢袋。

——（英國作家）蘭姆

■有錢的人可以很快樂，也可以很不快樂，其中一種最能叫人不快的，就是對自己沒有信心，以為別人結交他只是為了他的錢。

——（演員）白韻琴

■金錢往往成為真正情義的障礙物。

——（政論家）鄒韜奮

■愛錢的人很難使自己不成為金錢的奴隸。

——（作家）羅蘭

■金錢可以是許多東西的外殼，卻不是裡面的果實。金錢是被鑄造出來的自由。

——（俄國小說家）杜斯妥耶夫斯基

■我酷愛自由，我憎惡困窘、苦惱和依附。只要我口袋裡有錢，我就可以保持獨立。

——（法國啟蒙思想家）盧梭

■金錢並不像平常所說的那樣，是一切邪惡的根源，唯有對金錢的貪欲，即對金錢過分的、自私的、貪婪的追求，才是一切邪惡的根源。

——（美國律師）喬治．格蒂

■我害怕囊空如洗，所以我吝惜金錢。

——（法國啟蒙思想家）盧梭

■世上沒有一個諷刺作家，能寫盡金錢底下的罪惡。

——（法國作家）巴爾扎克

■老婦的金子並不是醜陋的。

——（英國詞典編輯）福勒

■錢這個字很難聽，或者要被高尚的君子們所非笑，但我總覺得人們的言論不管昨天和今天，即使飯前和飯後，也往往有此差別。

——（作家）魯迅

■金錢對「生活」雖好像是必需的，對「生命」似不必需。

——（作家）沈從文

■我手裡的金錢是保持自由的一種工具。

——（法國啟蒙思想家）盧梭

■黃金是全部文明生活的靈魂，它既可以將一切歸為它的自由，又可以將自己轉化為一切。

——（英國詩人）巴特勒

■聰明人應該把錢放在心裡，而不放在嘴上。

——（英國哲學家）羅素

■把金錢當上帝，金錢就會像魔鬼一樣來整治你。不用勞力獲得的東西，只有「貧困」。

——（英國戲劇家、詩人）莎士比亞

■金錢好比肥料，如不散入田中，本身並無用處。

——（英國哲學家）培根

■既會花錢又會賺錢的人，是最幸福的人，因為他享受兩種快樂。

——（英國作家）塞·約翰遜

■人不能只靠感情生活，人還得靠錢生活。

——（法國作家）羅曼．羅蘭

■翻遍了整個歷史，我們沒有看到一次金錢不起作用或遭到失財的事例。

——（前蘇聯作家）米．左琴科

■金錢使人成為人，無錢頭也抬不成。

——（前蘇聯作家）阿．巴巴耶娃

■我們有錢的時候，用幾個錢不算什麼，直到沒有錢，一個錢都有它的意味。

——（作家）魯迅

■一個人活在世界上，不能只存在賺錢的思想。

——（日本電子之父）松下幸之助

■金錢就像第六感覺。沒有它，其餘的五種感覺也不能完全發生效用。

——（英國作家）毛姆

■守財奴最不需要錢，但他卻偏偏最愛錢，而且拚命設法賺錢；揮霍者最需要錢，但他偏偏對錢滿不在乎。

——（英國探險家）巴克

■金錢是一種有用的東西，但是，只有在你覺得知足的時候，它才會帶給你快樂，否則的話，它除了給你煩惱和妒忌之外，毫無任何積極的意義。

——（作家）席慕容

■在投機事業上，真所謂謀事在人，成事在錢。

——（法國作家）大仲馬

■有一句諺語「幸福不在於金錢」。早就應該把這句諺語改成這樣：「世界的不幸就在於金錢。」

——（美國科學家）愛因斯坦

■有時候，一個人為不花錢而得到的東西付出了最高的代價。

——（美國科學家）愛因斯坦

■金錢可以療飢，它不能療苦惱；食物可以滿足食欲，但是不能滿足心靈的需求。

——（愛爾蘭作家）蕭伯納

■關於金錢的取與捨的適度是樂施，過度與不及是揮霍與吝嗇。

——（古希臘哲學家）亞里士多德

■如果你知道金錢的價值，那麼且去試試告貸吧！

——（美國科學家）富蘭克林

■花起錢來最適宜的態度就是中庸之道。

——（古羅馬哲學家）西塞羅

■沒有一道籬笆或一座堡壘會把馱著黃金的驢子阻攔。

——（英國藝術家）豪厄爾

■如果你懂得使用，金錢是一個好奴僕；如果你不懂得使用，它就變成你的主人。

——（美國作家）馬克．吐溫

■人生中最美好的東西是不要錢的。

——（美國作家）克利福德．奧德茨

■金錢如同惡人的友誼，又如同沒有基礎的建築是不會長久的。

——（阿拉伯作家）伊本．穆加發

■萬惡的金錢破壞了一切關係。

——（俄國作家）列夫．托爾斯泰

■金錢是對社會生活進行分配的計算工具；金錢本身就是生活，就像金鎊和銀行債券是貨幣一樣真實。

——（愛爾蘭作家）蕭伯納

■金錢是被鑄造出來的。

——（俄國小說家）杜斯妥耶夫斯基

■名氣固然是好東西，但有誰不愛錢呢。

——（俄國）托爾斯泰

■不是自己的錢千萬別用。

——（美國思想家）傑佛遜

■發財的捷徑是視金錢如糞土。

——（古希臘哲學家）塞內卡

■世人出賣自己的靈魂皆因黃金的引誘，幾乎所有的罪惡都源自全能的黃金。

——（英國詩人）瓊森

■錢可以讓好人含冤而死，也可以讓盜賊逍遙法外。

——（英國戲劇家、詩人）莎士比亞

■對於沙漠中的旅人，金銀不如一個蘿卜。

——（波斯詩人）薩迪

■盜賊尊重財產，但他們只希望將財產攫為己有，以便更好地尊重它。

——（英國作家）契斯特頓

■金錢並不就是幸福，一個人即便貧窮也能幸福。

——（俄國作家）契訶夫

■富足本來並不在數量的本身，而在取和分的比例。

——（英國詩人）哈代

■對某些人來說，金錢是社交界的入場券，也是教養的象徵。

——（美國精神衛生學家）比爾斯

■金錢是人類最高貴的力量，也就是人類勞動的的儲藏室。

——（波蘭作家）普魯斯

■金錢最公平：富人不快樂，窮人不快樂，不富不窮的也不快樂。

——（作家）三毛

■金錢！金錢是人類所發明中最近似惡魔的一種發明，再沒有其他東西比在金錢上有更多的卑鄙和欺騙，因而也沒有其他方面能為培植偽善提供這麼豐腴的土地。

——（前蘇聯教育家）馬卡連柯

■金錢有巨大的誘惑力，足以使人忘記原有的目標；而只去追逐金錢，會成為罪惡的前奏與社會的亂源。

——（作家）羅蘭

■活在這個世界上的人，不管嘴上如何把有錢人說得一塌糊塗，事實上他們在某些方面也是想有錢的。

——（日本小說家）武者小路實篤

■金錢和優雅的風度造就了紳士。

——（美國科學家）富蘭克林

■債權人的記性要比債務人好。

——（美國科學家）富蘭克林

■借錢給仇人，仇人能成為友人；借錢給友人，友人能成為仇人。

——（美國科學家）富蘭克林

■錢包輕的人心事重。

——（美國科學家）富蘭克林

■既有頭腦又有錢的人是幸運的，因為他能好好地支配金錢。

——（古希臘詩人）米南德

■金錢不是奴僕，便是主人，二者必居其一。

——（古羅馬詩人）賀拉斯

■釣人，金錢是最好的餌。

——（古羅馬詩人）賀拉斯

■金錢與戀情使人厚顏無恥。

——（英國詞典編輯）福勒

■金子，你是最基本的商品，其餘一切最終都要變成你。

——（古羅馬詩人）奧維德

■金錢不能改變你的出身。

——（法國工人運動活動家）拉法格

■金錢可以供應「別人看來很像是幸福」的一切東西。

——（古羅馬詩人）賀拉斯

——（德國詩人）雷涅

■金錢，是人類抽象的幸福。所以，一心鑽在錢眼的人，不可能會有具體的幸福。

——（德國哲學家）叔本華

■金錢不同於一輛汽車、一位女傭或癌症，它對所有的人來說，無論貧富，都同樣的重要。

——（美國經濟學家）加爾布雷思

■金錢能使整個世界運轉。

——（古希臘哲學家）賽勒斯

■終年累月積存金錢，與不勞而獲的金錢，價值真有天壤之別。

——（日本電子之父）松下幸之助

■要使你的錢漲一倍，最保險的辦法是將它再摺起來放進口袋。

——（英國哲學家）喬．赫伯特

(END)

國家圖書館出版品預行編目(CIP)資料

人生必讀的財富法則 / 富蘭克林.霍布斯(Frankli Hobbs)作；李津譯. -- 初版. -- 臺北市：華志文化事業有限公司, 2022.08
面；公分.--(人生必讀經典；4)
ISBN 978-626-96055-5-2(平裝)
1.CST: 成功法 2.CST: 財富

177.2 111010362

華志文化事業有限公司

系列／人生必讀經典04
書名／人生必讀的財富法則
作者 富蘭克林·霍布斯（Frankli Hobbs）

譯者 李津
執行編輯 簡煜哲
美術編輯 楊雅婷
封面設計 王志強
文字校對 陳欣欣
企劃執行 張淑勤
總編輯 吳志文
社長 楊凱翔
出版者 華志文化事業有限公司
電子信箱 huachihbook@yahoo.com.tw
地址 116台北市文山區興隆路四段九十六巷三弄六號四樓
電話 0937075060

總經銷商 旭昇圖書有限公司
地址 235新北市中和區中山路二段三五二號二樓
電話 02：22451480
傳真 02：22451479
郵政劃撥 戶名：旭昇圖書有限公司（帳號：12935041）

出版日期 西元二〇二二年九月初版第一刷
書號 B104

華志文化

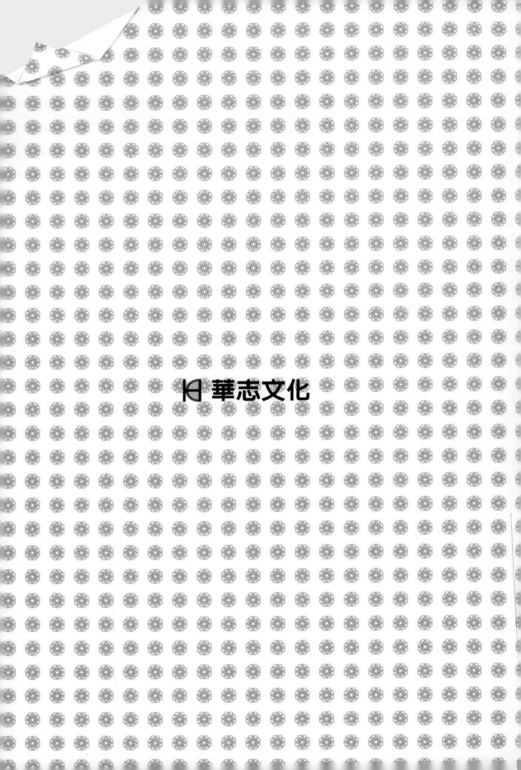